खराशें

ख़राशें

गुलज़ार की कविताओं और कहानियों का रंगमंचीय स्वरूप

मूल रचनाएँ

गुलज़ार

मंचीय परिकल्पना एवं आलेख

सलीम आरिफ़

राधाकृष्ण प्रकाशन

ISBN : 978-81-7119-849-8

ख़राशें

पहला संस्करण : 2003
पाँचवाँ संस्करण : 2016
पहली आवृत्ति : 2022

मूल्य : ₹ 395

प्रकाशक
राधाकृष्ण प्रकाशन प्राइवेट लिमिटेड
जी-17, जगतपुरी, दिल्ली-110 051

शाखाएँ : अशोक राजपथ, साइंस कॉलेज के सामने, पटना-800 006
पहली मंजिल, दरबारी बिल्डिंग, महात्मा गांधी मार्ग, प्रयागराज-211 001
36 ए, शेक्सपियर सरणी, कोलकाता-700 017

वेबसाइट : www.radhakrishnaprakashan.com
ई-मेल : info@radhakrishnaprakashan.com

मुद्रक
बी.के. ऑफसेट
नवीन शाहदरा, दिल्ली-110 032

KHARASHEIN
by Gulzar

1947 में इतनी लाशें गिरती देखीं और इतने फ़सादात भड़कते देखे कि उनकी छाप अब तक आँखों से उतरी नहीं।

आसमान पर उड़ती चीलें भी देखूँ तो गिद्ध लगती हैं—कहीं कोई सफ़ा खुल जाता है, कोई बेकफ़न लाश नज़र आ जाती है—कोई बेकफ़न दिन जो अब तक दफ़नाया नहीं गया।

सलीम आरिफ़ बहुत सालों से मेरे साथ हैं—दोस्त भी हैं, मुआविन भी—उम्र में मुझसे कम हैं, इसलिए कम फ़सादात देखे हैं—ये मौज़ूँ जो बार-बार मेरी नज़्मों और अफ़सानों में उभर आता था, उससे वो बेचैन रहते थे—यह उन्हीं की कोशिश है, और उन्हीं का इन्तख़ाब, कि उन नज़्मों, अफ़सानों को एक कोलाज की सूरत देकर स्टेज पर खड़ा कर दिया—सलीम एक बा-शऊर इंसान हैं, और चाहते हैं कि हम सब मिलकर अपने सुलूक और बर्ताव को दुरुस्त करें—ताकि इन उड़ती चीलों की बला हमारे आसमाँ से उतर जाए।

—गुलज़ार

‘खराशें’ का पहला मंचन जिन्दल आर्ट्स सेन्टर के तत्वावधान में ‘एस्से कम्यूनिकेशन’ के द्वारा एन.सी.पी.ए. मुम्बई में 18 जुलाई 2002 को हुआ था—

मंच पर

अतुल कुलकर्णी
अनूप सोनी
किशोर कदम
गणेश यादव
यशपाल
वैशाली ठक्कर
एवं
लुब्ना सलीम

मंच परे

पेंटिंग्स : टीना बोपाया
ब्रोशर : काजल गढ़िया/हेतल गढ़िया
नेपथ्य व्यवस्था : नितीशा वालिया
पवन नागपाल

संगीत संचालन : मेहुल जोशी
प्रकाश संचालन : सुजीत
प्रकाश संरचना : अज़ीज़ ख़ान
कार्यकारी निर्माता : मनहर गढ़िया
निर्माता : लुब्ना सलीम
परिकल्पना, आलेख
एवं निर्देशन : सलीम आरिफ़

निर्देशकीय

बहुत समय से अपने देश में बढ़ती हुई साम्प्रदायिकता पर कोई सार्थक मंचन करने का मन था लेकिन कथ्य की समस्या बार-बार खड़ी हो जाती थी—हिन्दू-मुसलिम भाई-भाई के सरकारी नारे की विफलता ने भी हतोत्साहित किया। जब गुजरात में दंगे हुए तो यह सवाल सामने था कि हमारी सामाजिक व्यवस्था में ऐसा क्या है जो साम्प्रदायिक दंगे थोड़े-थोड़े अन्तराल से पूरे देश में उभरते हैं, हालाँकि उनके आयाम बदलते रहे हैं—'ख़राशें' का अंकुर इसी सोच से जुड़ा हुआ है—साम्प्रदायिकता पर रंगमंच के लिए प्रस्तुति तैयार करते हुए यह खतरा बराबर बना रहता है कि विभिन्न सम्प्रदायों को बराबरी से निबाहने में प्रस्तुति फिर उसी सरकारी फ़ार्मूले के बहुत पास खड़ी हो जाती है जो पिछले पचास-साठ वर्षों से साम्प्रदायिकता के कैंसर को मिटाने में विफल रहा है।

पहले विचार बना कि पचास सालों में जो भी महत्त्वपूर्ण लेखन इस विषय पर मिले उसे जोड़कर एक तुलनात्मक विवेचन दर्शकों के सामने प्रस्तुत किया जाए जिसमें साम्प्रदायिकता पर कुछ महत्त्वपूर्ण सवाल खड़े किए जा सकें। यह हमारा दुर्भाग्य ही कहा जाएगा कि मंटो के 'स्याह हाशिए' और 'खोल दो' व कुछ अन्य कहानियाँ आज भी समसामयिक रचनाएँ लगती हैं। फिर विचार बना कि किसी ऐसे लेखक को चुना जाए जो समय-समय पर लगातार इस विषय पर रचनात्मक प्रतिक्रिया देता रहा हो।

गुलज़ार साहब में मुझे ऐसा रचनाकार मिला जिसने 1947

का बँटवारा भी देखा था और जो आज भी आसपास की घटनाओं पर कविताओं और कहानियों के माध्यम से रचनात्मक रूप से प्रतिक्रियाएँ व्यक्त कर रहा है।

'ख़राशें' उन्हीं की कविताओं और कहानियों का एक 'कोलाज' है—इन रचनाओं की महत्त्वपूर्ण बात उनकी इंसान परस्ती है—वह इंसान की इंसानियत पर पड़नेवाली आँच से विचलित हैं—ऐसी आँच जो एक व्यक्ति में उसकी सोच को डगमगा देती है—उनके चरित्र उन हालातों का शिकार हैं जो उन्होंने स्वयं नहीं बनाए हैं—वह स्थितियाँ उन्हें अपने साथ बहा ले जाती हैं—'ख़राशें' में एक महत्त्वपूर्ण सवाल छिपा है—अगर आप ऐसी किसी स्थिति में फँसें तो आपकी सोच और निर्णयों का आधार आपका धर्म होगा या फिर इंसानियत। ख़राशें के 'कोलाज' स्वरूप को लेकर काफ़ी चर्चा रही है—विशेषकर कविताओं और कहानियों को एक साथ एक ही प्रयोग में जोड़ने पर। श्री देवेन्द्र राज अंकुर, जो इस समय राष्ट्रीय नाट्य विद्यालय, नई दिल्ली के निदेशक हैं, उन्होंने कहानियों को मंच पर प्रस्तुत करके काफ़ी समय पहले रंगमंच से साहित्य के रिश्ते को सुदृढ़ किया और कथ्य की सम्भावनाओं को नया विस्तार भी दिया—जाने-माने कवि स्व. रघुवीर सहाय, मंच पर कविताओं की प्रस्तुति की एक मुहिम-सी चला चुके हैं—यह मेरा सौभाग्य है कि मैंने इन दोनों सर्जकों का सान्निध्य पाया और उनसे सीखा भी। यहाँ यह बात सिर्फ़ इसलिए लिख रहा हूँ कि कविता और कहानी का एक साथ मंच पर प्रयोग हो सकता है, 'ख़राशें' में पहली बार प्रस्तुत किया गया है पर अलग-अलग कहानी और कविताएँ बहुत पहले इन दो कलाकारों द्वारा मंच पर प्रस्तुत की जा चुकी हैं।

'ख़राशें' से बहुत-सी सुखद यादें जुड़ी हैं, जिसमें एक का ज़िक्र करना चाहूँगा—मंचन से एक सप्ताह पहले मेरे पास एक फोन आया, जानी-मानी चित्रकार 'टीना बोपाया' का। उन्होंने एक

अख़बार के दफ़्तर से, जिसमें 'ख़राशें' पर एक लेख छपा था, मेरा नम्बर लिया था। वह कह रही थीं कि इस शो के लिए वह कुछ करना चाहती हैं। अगर मैं समय निकालकर उनकी पेंटिंग्स देख लूँ तो...

मैं हिचकिचाता उनके घर पहुँचा और उनकी पेंटिंग्स देखकर लगा कि वह गुलज़ार साहब की रचनाओं और मेरी प्रस्तुति के बहुत क़रीब है—वह तुरन्त मेरे लिए 10'×4' के पाँच-छह कैनवस पेंट करने के लिए तैयार हो गईं—वह भी बिना किसी मेहनताने के—उनके इस सहयोग के लिए मैं बहुत ऋणी हूँ—टीना बोपाया की यह पेंटिंग्स 'ख़राशें' की बहुत बड़ी उपलब्धि बन गई हैं—वह मंच पर प्रस्तुति के पूरे माहौल को बनाने में बहुत मदद करती हैं और अमूर्त रूप से कथ्य को विस्तार भी देती हैं।

'ख़राशें' का मंच विन्यास बड़ा सादा-सा है :

मंच पर 6'×8' का एक प्लेटफॉर्म दाईं ओर था। इस प्लेटफॉर्म में पीछे की तरफ़ 10'×4' की एक पेंटिंग विंग की तरह खड़ी करके, उसके पीछे एक छोटा cubical बनाया था। इसे 'हिल्सा' कहानी में वैशाली कपड़े बदलने और मंच सामग्री रखने के लिए उपयोग करती है—इसी तरह दो और पेंटिंग्स दाईं और बाईं ओर और एक बड़ी पेंटिंग पीछे की ओर flats की तरह खड़ी कर रखी थीं—इस सबसे मंच पर उपयुक्त Backdrop तो बना ही, साथ ही कविता और कहानी के इस संयुक्त स्वरूप को सम्प्रेषित करने में बहुत ही मदद मिली—यह पेंटिंग्स विंग्स की तरह कलाकारों के आने-जाने में मदद भी करते हैं। एक खोखले बक्से का फ़्रेम 4'×3'×1'&1/2' का पहले से मंच पर प्लेटफॉर्म के बाईं ओर रखा रहता है। इस बक्से की चारों तरफ़ पेंटिंग की Style का ही कैनवस चढ़ा हुआ है यह खोखला बक्सा 'हिल्सा' और 'रावी पार' कहानियों में दीवार की तरह से काम करता है—कलाकार उसके गिर्द घूमकर

नए स्पेसेस का निर्माण करते हैं और 'ख़ुदा हाफ़िज़' में यही बक्सा कूड़े का डिब्बा बन जाता है—पर निर्देशकों को यह छूट है कि वह इसे चाहें तो सिर्फ़ 'ख़ुदा हाफ़िज़' में रखें या पूरे मंच विन्यास को नई तरह से सोच लें—

पूरी रचनाओं को सात कलाकारों के बीच इस तरह से बाँटा था कि हर कलाकार को कुछ कविताएँ और एक कहानी में अभिनय का मौक़ा मिले—'ख़ुदा हाफ़िज़' का मूल समरेश बसु की 'आदाब' नाम की बँगला कहानी है, जिसकी गुलज़ार साहब ने पटकथा बनाई है—यह लगभग दस साल पूर्व दूरदर्शन पर 'किरदार' धारावाहिक की एक कड़ी के रूप में दिखाई जा चुकी थी—इसका मंचन पहली बार 'ख़राशें' में हुआ और उसमें उसी रूप से मैंने बदलाव भी किए—अपने इस नए रूप में यह गुलज़ार साहब की रचना मानी जानी चाहिए, हालाँकि मूल कहानी समरेश बसु की है।

प्रस्तुति में एक Ensemble Quality की फ़ील बन गई है जो 'ख़राशें' के कलाकारों की देन है। हम सब के लिए यह भी हर्ष का विषय है कि गुलज़ार साहब को 2002 का साहित्य अकादेमी पुरस्कार जिस संग्रह पर मिला है उसकी दो कहानियाँ 'ख़ौफ़' और 'रावी पार' ख़राशें में हैं।

अपने प्रथम मंचन के लगभग एक वर्ष बाद ख़राशें का छपना हमारी पूरी टीम के लिए एक सुखद अनुभूति है। यह सार्थक रंगकर्म में जूझते उन तमाम रंगकर्मियों को अर्पित है जो आज भी मानव की गरिमा में विश्वास रखते हैं—उस इंसानियत में जो हमारे देश की धरोहर है।

—सलीम आरिफ़

भाग : एक

(मंच के मध्य में प्रकाश का एक दायरा उभरता है जिसमें **सलीम आरिफ़** *पहली कविता पढ़ता है...)*

किशोर : ज़रा सा आओ न, बैठो वतन की बात करें—
उम्मीदें डूब गईं जो निगल-निगल के भँवर—

उम्मीदें हाँप रही हैं जो बादबानों में
उम्मीदो-शौक़ के क़त्लो-ग़बन की बात करें—
वतन की बात करें ?

पचास सालों में ऐसा नहीं कि कुछ न हुआ—
पचास सालों में लेकिन...
खुला फ़लक तो गिरी धूप जैसे गर्द गिरे—
हर एक रोज़ फ़लक पोंछा—उठ के साफ़ किया—
हमारे टख़नों पे कुल्हाड़ियाँ गिरीं लेकिन—
लहू-लुहान क़दम सीढ़ियों पे चढ़ते रहे—
निकल तो आए हैं हम घुटनों-घुटनों दलदल से—

अभी खुला नहीं—कैसे चमन की बात करें—

चलो न चलते चलें और वतन की बात करें...

(धीरे से पार्श्व संगीत बढ़ना शुरू होता है और मंच पर अन्धकार हो जाता है...अँधेरे में पार्श्व से प्रेक्षागृह में आवाज़ उभरती है—)

सन् 1947 में आग और ख़ून से लिपटी एक लकीर मुल्क को काटती हुई गुज़र गई और मुल्क़ तक़सीम हो गया। लाखों लोग दोनों तरफ फ़िरक़ावाराना वहशत का शिकार हुए—पचास साल से ज्यादा हो गए वो फ़सादात आज भी जारी हैं—एक जगह आग बुझती है तो दूसरी तरफ़ धुआँ सर उठा लेता है। एक आस्तीन पर ख़ून सूखता है तो दूसरे हाथ की उँगलियाँ ख़ून में डूबी हुई नज़र आती हैं। कभी पंजाब में, कभी बंगाल में, कभी गुजरात में और कभी महाराष्ट्र में...

ये ज़ख़्म भरते नहीं, बस एक खुरूंड-सा जम जाता है, कुछ देर के लिए—फिर कहीं दंगे शुरू होते हैं और ख़राशें फिर से रिसने लगती हैं। अब तो लगता है, ये ज़ख़्म

आँखों से चिपक गए हैं...आँखें बहती रहती हैं और ज़ख्म रिसते रहते हैं...

(पार्श्व ध्वनि के अन्त से थोड़ा पहले मंच के एक कोने पर प्रकाश उभरता है जिसमें **अतुल** *कुर्सी पर बैठा अख़बार पढ़ रहा है...)*

(थोड़े से वक़्फ़े के बाद **अतुल** *अगली कविता बोलता है...)*

अतुल : सारा दिन मैं ख़ून में लथपथ रहता हूँ
सारे दिन में सूख-सूख के
काला पड़ जाता है ख़ून
पपड़ी-सी जम जाती है
खुरच-खुरच के नाख़ूनों से
चमड़ी छिलने लगती है...
नाक में ख़ून की कच्ची बू
और कपड़ों पर कुछ काले-काले
चकत्ते-से रह जाते हैं

रोज़ सुबह अख़बार मेरे घर
ख़ून में लथपथ आता है—

(मंच के दूसरे कोने से **गणेश** *आता है और प्रकाश आने पर अगली कविता बोलना शुरू करता है—***अतुल** *कुर्सी से उठकर विंग्स में चला जाता है...कुर्सी पर से प्रकाश गुल होता है।)*

गणेश : शहर में आदमी कोई भी नहीं क़त्ल हुआ,
नाम थे लोगों के जो क़त्ल हुए।
सर नहीं काटा किसी ने भी, कहीं पर कोई—
लोगों ने टोपियाँ काटी थीं कि जिनमें सर थे !

और ये बहता हुआ सुर्ख़ लहू है जो सड़क पर,
ज़बह होती हुई आवाज़ों की गर्दन से गिरा था

(गणेश की कविता के अन्त में **लुब्ना** *मंच के दाएँ तरफ़ से आती है, उसके हाथ में एक बच्चे का स्कूल बैग और पानी की बोतल है। उसके कविता बोलने के साथ-साथ* **गणेश** *विंग्स में चला जाता है...प्रकाश का दायरा सिर्फ़ लुब्ना पर रह जाता है।)*

लुब्ना : अपनी मर्ज़ी से तो मज़हब भी नहीं
उसने चुना था,
उसका मज़हब था जो माँ-बाप से ही
उसने विरासत में लिया था—

अपने माँ-बाप चुने कोई ये मुमकिन ही कहाँ है
और ये मुल्क भी लाज़िम था,
कि माँ-बाप का घर था इसमें
(मुल्क में मर्ज़ी भी उसकी,
ना वतन उसकी रज़ा से)
ये वतन उसका चुनाव तो नहीं था।

वह तो कुल नौ ही बरस का था उसे क्यूँ
चुनकर, फ़िरक़ावाराना फ़सादात ने कल क़त्ल
किया—॥

*(**लुब्ना** के कविता के अन्त में मंच के बीच से **यशपाल** प्रवेश करता है—उसके कविता बोलने के साथ ही **लुब्ना** पर स्पॉट गुल हो जाता है और वह विंग्स में चली जाती है—प्रकाश सिर्फ़ **यशपाल** पर रह जाता है—)*

यशपाल : मोजज़ा कोई भी उस शब ना हुआ,
जितने भी लोग थे उस रोज़ इबादतगाह में,
सब के होठो पे दुआ थी,
और आँखों में चरागाँ था यक़ीं का,
के ख़ुदा का घर है,
ज़लज़ले तोड़ नहीं सकते इसे,
आग जला सकती नहीं
सैकड़ों मोजज़ों की सबने हिकायात सुनी थीं

सैकड़ों नामों से उन सबने पुकारा उसको,
ग़ैब से कोई भी आवाज़ नहीं आई किसी की,
ना ख़ुदा की—ना पुलिस की !!

सब के सब भूने गए आग में, और भस्म हुए
मोजज़ा कोई भी उस शब ना हुआ !!

(कविता के अन्त में मंच की बाईं ओर से **किशोर** *प्रवेश करता है*—**यशपाल** *का स्पॉट धीमे से गुल होता है और वह विंग्स में चला जाता है...कविता शुरू करने पर* **किशोर** *का स्पॉट बढ़ता है।)*

किशोर : आग का पेट बड़ा है।
आग को चाहिए हर लैहज़ा चबाने के लिए
ख़ुश्क करारे पत्ते,
आग कर लेती है तिनकों पे गुज़ारा लेकिन—
आशियानों को निगलती है निवालों की तरह
आग को सब्ज़ हरी टहनियाँ अच्छी नहीं लगतीं,
ढूँढ़ती हैं कि कहीं सूखे हुए जिस्म मिलें !

उसको जंगल की हवा रास बहुत है फिर भी,
अब ग़रीबों की कई बस्तियों पर
देखा है हमला करते,

आग अब मन्दिरो-मस्जिद की ग़ज़ा खाती है

(किशोर प्लेटफॉर्म पर रखी कुर्सी अपने सामने नीचे रखता है और अन्तिम पंक्ति कहता है।)

लोगों के हाथ में अब आग नहीं—
आग के हाथों में मख़सूस से कुछ लोग हैं अब।

(अन्तिम पंक्ति पर धीरे से सायरन की आवाज़ और संगीत उभरता है और मंच पर अँधेरा छा जाता है। क्षणिक विराम के बाद प्रकाश बदलता है। वैशाली मंच पर बने प्लेटफ़ॉर्म पर रसोई के काम में मगन दिखती है—वह परात में मछली साफ़ करती नज़र आ रही है—प्लेटफॉर्म पर रखी कुर्सी अब मंच पर बड़े डब्बे के पास रखी है।)

*(**अनूप** 'हिल्सा' कहानी कहना शुरू करता है)*

अनूप : *भिभूती टहलते हुए, धोती खींचते हुए रसोई तक आए और दरवाज़े ही से बोले,* "आज अख़बार ही नहीं आया अभी तक। लगता है बाग़ बाज़ार का रास्ता भी बन्द हो गया।"

कंचन मछली में मगन थी, बोली—

वैशाली : ''हिल्सा की आँखें कितनी सुन्दर होती हैं, जलपरी लगती हैं।''

कंचन बड़ी परात में पानी डाल के मछली को नहला रही थी, भिभूती ज़रा-सा मुस्कुराए, बोले—

अनूप : ''बहुत लाड़ आ रहा है ? हूँ ? बिन मौसम का खाजा ले आया है रामू ! जानो ?''

वैशाली : ''माने ?''

अनूप : *भिभूती की आँखों में दानाई की चमक दिखाई दी, बोले,* ''जिन महीनों में 'R' न हो, उन महीनों में माछ नहीं खाया करते, वर्जित है !''

कंचन उन्हीं की तरफ़ देख रही थी। वो फिर बोले—

अनूप : ''जैसे मई, जून, जुलाई, अगस्त—अब सोच के देखो, जनवरी से दिसम्बर तक बाक़ी सब महीनों में 'R' लगता है।''

कंचन ने मन-ही-मन हिसाब लगाया, और हाथ ठोड़ी पर आ गया !

वैशाली : ''मागो ! अच्छा, क्यों नहीं खाते इन महीनों में ?''

भिभूती ने रवायती बंगाली शोहर की तरह नस्वार की चुटकी खेंची और धोती सँभालते हुए, रसोई की दहलीज़ पर ही बैठ गए। (अनूप उठकर प्लेटफॉर्म पर

जाता है जहाँ वैशाली मछली साफ़ कर रही है)

अनूप : "मई से अगस्त तक मच्छियों का ब्रीडिंग पीरियड होता है, उन दिनों गर्भवती होती हैं मछलियाँ। जिस तरह पत्नी गर्भवती होती हो तो पति उन दिनों में..."

वैशाली : "धत् की शोब बोक्छो !"

हाथ से धकेलके कंचन ने भिभूती को उठा दिया रसोई से।

"इतने बड़े हो गए, अभी तक दुश्टुमी नहीं गई।"

(वैशाली उठकर प्लेटफॉर्म के पीछे बनी पेंटिंग की आड़ में चली जाती है)

अनूप : *हँसते हुए भिभूती फिर अन्दर चले गए। जा के अपना टीवी ऑन कर दिया। ख़बरें आ रही थीं दंगों की। जगह-जगह मार-काट चल रही थी। बाज़ार बन्द हो गए थे। शहर में कई जगह कर्फ़्यू लग गया था। वो बुड़बुड़ाए—*
"शायद इसलिए ! मछलियाँ बाज़ार तक पहुँची नहीं और रामू को घाट पर सस्ते में मिल गई।"

ये एक और अक़ल की बात बताने

रसोई तक गए तो कंचन पीछे के नल पर नहाने चली गई थी। रसोई पार करके, भिभूती वहीं पर पहुँच गए। साड़ी तार पे डाल के कंचन ने परदा कर लिया था।

(अनूप चलता हुआ प्लेटफॉर्म के पिछले हिस्से की तरफ़ जाता है जहाँ पेंटिंग के पीछे आड़-सी बनी हुई है, अनूप उस ओर मुँह करके बोलता है)

अनूप : "शुन्चो ?"

वैशाली : "हैं ! बोलो ?"

अनूप : "ये रामू जो है ना, ये सुबह से घाट पर गया होगा और..." *कहते-कहते उन्होंने थोड़ा-सा परदा उठा दिया—*

वैशाली : "धत् !"

अनूप : *लोटा भर पानी उनके मुँह पर पड़ा।*

वैशाली : "हटो यहाँ से, शुक्र करती हूँ सुबह-सुबह दफ्तर जाते हो तो..." *भिभूती हँस के उसी की साड़ी से मुँह पोंछ रहे थे*

अनूप : "अभी तक अख़बार भी नहीं आया। तो बेकारी में क्या करे आदमी। मैं माछ साफ़ कर दूँ ?"

कंचन ने डाँट के मना कर दिया।

वैशाली : "हरगिज़ नहीं ! हाथ मत लगाना उसे।"

(अनूप मंच के पीछे के हिस्से से मध्य की ओर आता है और दर्शकों से आगे की कहानी कहना शुरू करता है)

अनूप : *भिभूती सारे घर में ऊपर से नीचे, नीचे से ऊपर टहलते रहे। टीवी पर भी और कोई प्रोग्राम नहीं था—'चित्रगीत' के बाद ख़बरें, ख़बरों के बाद फिर आधा घंटा 'चित्रगीत'—ब्लैक एंड व्हाइट टीवी में गाने का मज़ा भी नहीं आता, कलर के ज़माने में ये ब्लैक एंड व्हाइट टीवी !*

"हिरोईन के कपड़े और कूल्हे एक ही रंग के, पेट और ब्लाउज़ में कोई फ़र्क़ ही नहीं। ये क्या बात हुई ?"

(अनूप मंच के बाईं ओर चलते हुए बोलता है)

एक बार फिर, घर में रामू की आवाज़ आई। पता ही नहीं चलता, वो कब आता है घर में, कब निकल जाता है। सारे मोहल्ले का काम करता है। वो गुसलखाने के बाहर खड़ा पूछ रहा था।

"बोऊमाँ—माछ का मसाला पीस दूँ ? राई देके बनेगी तो ?"

कंचन की आवाज़ आई थी।

वैशाली : *(पेंटिंग की आड़ में से)* "मसाला टुनटुनी की मिक्सी में पिसवा के ले आ, मैं आती हूँ।"

अनूप : *टुनटुनी पड़ोसी की छोटी लड़की का नाम था। रामू फिर निकल गया। भिभूती को अच्छा नहीं लगा। रामू उनकी पत्नी से बात करे, वहीं खड़े हुए, जब वो नहा रही हो। टीवी में बहुत डिस्टरबैंस थी। बन्द करके भिभूती आरामकुर्सी में पसर गए।*

(ये कहते हुए अनूप कुर्सी पर बैठ जाता है। पीछे से पूजा की घंटी की आवाज़ सुनाई देती है)

पूजा घर में घंटी बजनी शुरू हुई तो समझ में आ गया कि कंचन नहा के लौट चुकी है। थोड़ी देर में प्रसाद मिलेगा। कंचन हाथ पर नहीं देगी, कहेगी, "हाथ धोकर आओ।" *वो मुँह खोल देंगे और कंचन प्रसाद मुँह में टपका देगी।*

वही हुआ, कंचन ने आते ही पूछा।

(पेंटिंग की आड़ से वैशाली नई धुली-सी साड़ी पहने, बाल खोले, पूजा की थाल हाथ में लिये आती है)

वैशाली : "नहाए नहीं अभी तक ?"

अनूप : "ऊँ हूँ।" *मुंडी हिलाकर भिभूती ने मुँह खोल दिया। प्रसाद मुँह में डालते हुए कंचन के गीले-गीले बाल उनके चेहरे पर आ पड़े। बाल हटाते हुए कंचन के गाल पे चुटकी ले ली !*

वैशाली : "उफ़ ! शमये-अशमये कुछ नहीं होता न तुम लोगों के लिए ?"

अनूप : "तुम्हारी सुन्दरता सराहने के लिए, शमये थोड़े ही निश्चित करना पड़ता है ?"

वैशाली : "मिथ्ये शोब ! मिथ्या !"

अनूप : *झूठ ही सही, पर जाती हुई कंचन थोड़ी इठलाई तो ज़रूर !*

(यह कहकर अनूप खड़ा हो जाता है और वैशाली विंग्स में पूजा की थाली छोड़कर अपने बाल सँवारती हुई प्लेटफॉर्म पर आकर मछली साफ़ करने में लग जाती है)

भिभूती फिर ख़ाली हो गए। थोड़ी देर ऊपर-नीचे टहलते रहे। कुछ देर के लिए खिड़की पर जाकर खड़े हो गए और पड़ोसियों

के घर में झाँकते रहे। एक कौआ कहीं से गोश्त का टुकड़ा चोंच में उठाए, बीच की दीवार पे आके बैठ गया था। एक दूसरा कौआ आकर पास बैठा तो उड़ गया। दोनों उड़ गए।

भिभूती घूम-घुमाके वहीं आ गए, किचन में!

(इस समय तक वैशाली मछली साफ़ करना शुरू कर चुकी है)

मछली परात के पानी में पड़ी थी। मुँह थोड़ा-सा खुला हुआ था। जैसे कुछ बोल रही हो। और आँखें खुली थीं। सचमुच ख़ूबसूरत थीं आँखें!

कंचन ने 'दाऊ' खेंच के पाँव तले दबा लिया। मछली निकाली परात से, उसके चिकने बदन पर हाथ फिरा के पानी साफ़ किया, और गच से तीन हिस्सों में काट दिया। पहले मुंडी काटी, फिर दुम का हिस्सा अलग किया। फिर पेट चीर के खोल दिया। परात का पानी लाल हो गया।

वैशाली : "ठीक ही कहा था आपने, गर्भवती थी, देखो कितने अंडे निकले हैं।"

अनूप : *भिभूती मुस्कुराए, चश्मा साफ़ करते हुए बोले,* "वैरी लकी। अलग से फ्राई कर लेना। मछली के अंडे तो डेलीकेसी होते हैं।"

उसी वक्त बारह की घंटी बजी और आवाज़ सुनाई दी—"कागोज बाबू।"

(अनूप विंग्स तक जाकर अख़बार उठाकर आता है)

अख़बारवाला दरवाज़े के नीचे से पेपर डाल के, आवाज़ लगा के, चला गया था।

भिभूती उठके अख़बार उठा लाए। फ्रंट पेज शहर के दंगों की ख़बरों से भरा हुआ था। कुछ तस्वीरें भी थी। एक गर्भवती लड़की की तस्वीर थी जिसे गैंगरेप किया गया था, और जो ब्लीड करते-करते मर गई थी, मुँह थोड़ा-सा खुला हुआ था, जैसे कुछ बोलने की कोशिश कर रही हो, और आँखें खुली थीं।

(यह कहते-कहते अनूप वैशाली के हाथ की मछली देखने लगता है)

“उसकी आँखें परात में पड़ी हिल्सा से कितना मिलती थी।”

*(यह कहते-कहते **अनूप वैशाली** के पास उसी प्लेटफॉर्म पर बैठ जाता है। मंच पर अँधेरा होता है और संगीत उभरकर थोड़ी देर माहौल को गम्भीर बनाता है)*

(इस अँधेरे में मंच पर से कुर्सी और दूसरा सामान हटा दिया जाता है—सिर्फ़ प्लेटफॉर्म और 4'×3'×1&1/2 का खोखला डब्बा रह जाता है)

*(**लुब्ना** की आवाज़ उभरती है और प्रकाश में वह मंच के बीच में खड़ी अगली कविता कहती है।)*

लुब्ना : ऐसा कुछ भी तो नहीं था, जो हुआ करता है
फिल्मों में हमेशा
ना तो बारिश थी, ना तूफ़ानी हवा और ना
जंगल का समाँ,
ना कोई चाँद फ़लक पर कि जुनूँख़ेज करे।

ना किसी चश्मे, ना दरिया की उबलती हुई
फ़ानूसी सदाएँ
कोई मौसीक़ी नहीं थी पसेमंज़र में कि जज़्बात में
हैजान मचा दे !
ना वह भीगी हुई बारिश में, कोई हूरनुमा
लड़की थी

सिर्फ़ औरत थी वह, कमज़ोर थी वह
चार मर्दों ने, कि वो मर्द थे बस,
पसेदीवार उसे 'रेप' किया !!

(**लुब्ना** *की कविता समाप्त होने पर दाएँ तरफ से* **यशपाल** *अगली कविता बोलते हुए प्रवेश करता है। प्रकाश बदलता है।)*

यशपाल : मोजज़े होते हैं,—ये बात सुना करते थे !
वक्त आने पे मगर—
आग से फूल उगे, और ना ज़मीं से
कोई दरिया फूटा
ना समन्दर से किसी मौज ने फेंका आँचल,
ना फ़लक से कोई कश्ती उतरी !

आज़माइश की थी कल रात ख़ुदाओं के लिए
कल मेरे शहर में घर उनके जलाए सब ने !!

(अन्तिम पंक्ति पर **अतुल** *मंच पर प्रवेश करता है और प्लेटफॉर्म के कोने पर बैठकर अगली कविता कहना शुरू करता है—प्रकाश बदलता है...)*

अतुल : नंग-धड़ंग ज़मीं पर, लेटे-लेटे मैंने
कितनी बार सुना है इस मिट्टी के नीचे,
कुछ आवाज़ें रेंग रही हैं !

कान लगाकर दरियाओं के
छुप जाने की चाप सुनी है
छोटे-छोटे बीजों के फटने से अन्दर
पेड़ों के गिरने की सी भारी आवाज़ें गूँजती हैं !
औलादों को घर के बाहर जाने से
कोई रोक रहा है !

कभी-कभी लगता है जैसे, मेरे ही पुरखों में
कोई बहस छिड़ी है—
पूछ रहे हैं—
कौन है जो अब उनकी क़ब्रें खोद रहे हैं
और उनके जिस्मों से सब्ज़ कफ़न के टुकड़े
नोच-नोच कर बेच रहे हैं !

(अन्तिम पंक्ति पर मंच के मध्य से **गणेश** *आकर अगली कविता बोलता है* **अतुल** *उठकर चला जाता है उसका स्पॉट गुल हो जाता है।)*

गणेश : सर पे चिल्लाती हुई धूप का सुनसान पहर है
और एक शोला-ज़ुबाँ देव फ़लक चाट रहा है
दूर एक सूखे हुए पेड़ पे इक चील का साया
ख़ुश्क आँखों से ये बेकैफ़ ख़ला तोल रहा है
अपने पर तोलके,
कुछ सोचके, फिर तोलता है
किस तरफ़ ? किसके लिए ? किसके लिए ?
किसके लिए ?

सर पे चिल्लाती हुई धूप का सुनसान पहर है।

(**गणेश** *की कविता के अन्त में* **वैशाली** *दाईं ओर से प्रवेश करती है, उसने अब साड़ी बदलकर सामान्य-सा सलवार-सूट पहन लिया है—वह कविता कहना शुरू करती है तो सिर्फ़ उस पर स्पॉट रह जाता है)*

वैशाली : खेत के सब्ज़े में बेसुध-सी पड़ी है दुबकी
एक पगडंडी की कुचली हुई अधमुई-सी लाश
तेज क़दमों के तले देर से कराहती

दो किनारों पे जवाँ सिट्टों के चेहरे तककर
चुप-सी रह जाती है ये सोच के बस

'यूँ मेरी कोख कुचल देते न राहगीर अगर
मेरे बेटे भी जवाँ हो गए होते अब तक
मेरी बेटी भी तो अब ब्याहने के क़ाबिल होती।'

(अन्तिम पंक्ति पर **अनूप** *बाईं ओर के विंग्स से प्रवेश करता है—***वैशाली** *अपनी कविता समाप्त करके विंग्स में चली जाती है। प्रकाश अब सिर्फ़* **अनूप** *पर है।)*

अनूप : हम सब भाग रहे थे,
रिफ़्यूजी थे
माँ ने जितने ज़ेवर थे, सब पहन लिये थे
बाँध लिये थे...
छोटी मुझसे...छह सालों की
दूध पिलाके, ख़ूब खिलाके, साथ लिया था
मैंने अपनी एक 'भमीरी' और इक 'लाटू'
पाजामे में उड़स लिया था
रात की रात हम गाँव छोड़कर भाग रहे थे,
रिफ़्यूजी थे...

आग, धुएँ और चीख़-पुकार के जंगल से गुज़रे
थे सारे,
हम सब के सब, घोर धुएँ में भाग रहे थे,
हाथ किसी आँधी की आँतें फाड़ रहे थे
आँखें अपने जबड़े खोले भौंक रही थीं
माँ ने दौड़ते-दौड़ते ख़ून की कै़ कर दी थी !

जाने कब छोटी का मुझसे छुटा हाथ
वहीं, उसी दिन फेंक आया था अपना बचपन...
लेकिन मैंने सरहद के सन्नाटों के सहराओं में
अक्सर देखा है,
एक 'भमीरी' अब भी नाचा करती है
और इक 'लाटू' अब भी घूमा करता है...!

(कविता की अन्तिम पंक्ति पर **यशपाल** *दूसरे कुरते में, कन्धे पर एक गमछा जिसे वह बाद में साफ़े की तरह बाँध लेता है, लेकर बाएँ विंग से आता है और 'रावी पार' कहानी शुरू करता है)*

यशपाल : *पता नहीं दर्शन सिंह क्यों पागल नहीं हो गया? बाप घर पे मर गया और माँ उस बचे-खुचे गुरुद्वारे में खो गई और शाहनी ने एक साथ दो बच्चे जन दिए। दो बेटे-जुड़वाँ। उसे समझ नहीं आता था कि वह हँसे या*

रोये ! इस हाथ ले, उस हाथ दे का सौदा किया था क़िस्मत ने।

सुनते थे आज़ादी आ चुकी है या आ रही है, टोडरमलपुर कब पहुँचेगी, पता नहीं चलता था। हिन्दू, सिख—सब छुपते-छुपते गुरुद्वारे में जमा हो रहे थे।

(लुब्ना भी अब एक पंजाबी सलवार-कमीज़ में मंच पर आती है और आगे की कहानी सुनाना शुरू करती है)

लुब्ना : *शाहनी दिन-रात दर्द से कराहती रहती थी। आख़िरी दिन थे जचगी के, और पहली-पहली औलाद।*

यशपाल : *दर्शन सिंह रोज़ नई-नई ख़बरें लाता था, फ़सादात की। बाप ढाढ़स देता।* "कुछ नहीं होगा बेटा, कुछ नहीं होगा। अभी तक किसी हिन्दू-सिख के मकान पर हमला हुआ क्या ?"

"गुरुद्वारे पर तो हुआ है ना भापाजी। दो बार आग लग चुकी है।"

"और तुमलोग वहीं जाकर जमा होना चाहते हो।"

इस बात पर दर्शन सिंह चुप हो जाता।

(अब लुब्ना यशपाल के पास है)

लुब्ना : *पर जिसे देखो वही घर छोड़कर गुरुद्वारे में जमा हो रहा था।*

यशपाल : "एक जगह इकट्ठा होने से बड़ा हौसला होता है भापाजी। अपनी गली में तो कोई हिन्दू या सिख नहीं रह गया। बस हमीं हैं अकेले।"

लुब्ना : *दस-पन्द्रह दिन की बात थी, रात के वक्त भापाजी के गिरने की आवाज़ हुई, आँगन में, और सब उठ गए।*

(यशपाल घूमकर मंच के पीछे की ओर जाता है)

यशपाल : *दूर गुरुद्वारे की तरफ़ से* 'बोले सो निहाल' *के नारे सुनाई दे रहे थे। भापाजी की उसी से आँख खुल गई थी, और वह छत पर देखने चले गए थे। सीढ़ियाँ उतरते पाँव फिसला और बस आँगन में खड़ी कुदाल सिर में घुस गई थी।*

(वक्फ़ा-यशपाल अब मध्य में आता है)

किसी तरह भापाजी के संस्कार पूरे किए और कुछ मालियत थी, एक तकिए में भरी,

और बाक़ी तीनों ने गुरुद्वारे में जाकर पनाह ली। गुरुद्वारे में ख़ौफ़ज़दा लोगों की कमी नहीं थी। इसलिए हौसला रहता था, अब उसे डर नहीं लगता था। दर्शन सिंह कहता :

"हम अकेले थोड़ी ही हैं, और कोई नहीं तो वाहेगुरु के पास तो हैं।"

नौजवान सेवादारों का जत्था दिन-भर काम में जुटा रहता। लोगों ने अपने-अपने घरों से जितना भी आटा, दाल, घी था, उठवा लिया था। लंगर दिन-रात चलता था। मगर कब तक ? यह सवाल सबके दिल में था। लोग उम्मीद करते थे, सरकार कोई कुमक भेजेगी।

लुब्ना : "कौन सी सरकार ?" *एक पूछता,* "अंग्रेज तो चले गए ?"

यशपाल : "यहाँ पाकिस्तान तो बन गया है लेकिन पाकिस्तान की सरकार नहीं बनी अभी।"
"सुना है मिलेट्री घूम रही है, हर तरफ़ और अपनी हिफ़ाज़त में शरणार्थियों के काफ़िले बार्डर तक पहुँचा देती है।"

लुब्ना : *(यशपाल से)* "शरणार्थी ? वह क्या होता है ?"

यशपाल : "रेफ़्यूजी।"

लुब्ना : "यह लफ्ज़ पहले तो कभी नहीं सुने थे।"

यशपाल : *दो-तीन परिवारों का एक जत्था जिनसे दबाव*

बर्दाश्त नहीं हुआ, निकल पड़ा।

लुब्ना : *(लहजा बदलकर)* "हम तो चलते हैं। स्टेशन पर सुना है, ट्रेनें चल रही हैं। यहाँ भी कब तक बैठे रहेंगे ?"

यशपाल : *(अलग लहजे में)* "हिम्मत तो करनी पड़ेगी भाई ! वाहेगुरु मोढ़ों (कन्धों) पर बिठाकर तो नहीं ले जाएगा न।"

लुब्ना : *एक और ने गुरबानी का हवाला दिया।*

यशपाल : "नानक नाम जहाज़ है, जो चढ़े सो उतरे पार।"

लुब्ना : *कुछ लोग निकल जाते तो ख़ला का एक बुलबुला-सा बन जाता माहौल में। फिर कोई और आ जाता तो बाहर की ख़बरों से बुलबुला फूट जाता।*

यशपाल : *(नए लहजे में)* "स्टेशन पर तो बहुत बड़ा कैम्प लगा हुआ है जी।" *(अलग लहजे में)*

"लोग भूख से भी मर रहे हैं और खा-खा के भी ! बीमारी फैलती जा रही है।"

"पाँच दिन पहले एक ट्रेन गुज़री थी यहाँ से, तिल रखने को भी जगह नहीं थी। लोग छतों पर लदे हुए थे।"

लुब्ना : *सुबह संक्रान्त की थी। गुरुद्वारे में दिन-रात पाठ चलता रहता था। बड़ी शुभ घड़ी में शाहनी ने अपने जुड़वाँ बेटों को जन्म दिया। एक तो बहुत ही कमज़ोर पैदा हुआ। बचने*

की उम्मीद भी नहीं थी लेकिन शाहनी ने नाभी (नाड़ी) के ज़ोर से बाँधे रखा उसे। उसी रात किसी ने कह दिया।

यशपाल : *(अलग लहजे में)* "स्पेशल ट्रेन आई है, रेफ्यूजियों को लेने, निकल चलो।"

लुब्ना : *एक बड़ा-सा हुजूम रवाना हो गया गुरुद्वारे से। दर्शन सिंह भी। शाहनी कमज़ोर थी बहुत, लेकिन बेटों के सहारे चलने को तैयार हो गई।*

यशपाल : *माँ ने हिलने से इनकार कर दिया।*

लुब्ना : *(बूढ़ी माँ के लहजे में)* "मैं आ जाऊँगी बेटा ! अगले किसी काफ़ले के साथ आ जाऊँगी। तू बहू और मेरे पोतों को सँभाल के निकल जा।"

यशपाल : *दर्शन सिंह ने बहुत ज़िद की तो ग्रन्थी ने समझाया।*

लुब्ना : *सेवादारों ने हिम्मत दी।*

यशपाल : *(सेवादारों के लहजे में)* "निकल जाओ सरदारजी। एक-एक करके सब बार्डर पार पहुँच जाएँगे। बीजी हमारे साथ आ जाएँगी।"

दर्शन सिंह निकल पड़ा सबके साथ। ढक्कनवाली एक बैंत की टोकरी में डाल के बच्चों को यूँ सर पे उठा लिया जैसे परिवार का खोंचा लेकर निकला हो।

(यशपाल खुले डब्बे के पीछे से एक टोकरी और एक लाल कपड़ा उठाता है—फिर बच्चों को अलग-अलग लपेटकर टोकरी में रखने का अभिनय करता है—लुब्ना एक तकिए के गिलाफ़ में कुछ कपड़े-ज़ेवर रखने का अभिनय करती है—फिर दोनों थोड़ा घूमकर मंच पर बने प्लेटफॉर्म के पास रुक जाते हैं—यशपाल कहता है)

स्टेशन पर गाड़ी थी, लेकिन गाड़ी में जगह नहीं थी। छत पर लोग घास की तरह उगे हुए थे।

लुब्ना : बेचारी नई-नई नहीफ़-ओ-नज़ार माँ और नौज़ाइदा बच्चों को देखकर लोगों ने छत पर चढ़ा लिया और जगह दे दी।

(पहले यशपाल प्लेटफॉर्म पर चढ़ता है, फिर वह हाथ के सहारे से लुब्ना को ऊपर चढ़ाता है, लुब्ना पालथी मारकर बैठ जाती है—गोदी में बच्चे को लेने का अभिनय करते हुए आगे की कहानी कहती है)

क़रीब दस घंटे बाद गाड़ी में ज़रा-सी हरकत हुई। शाम बड़ी सुर्ख़ थी। लहूलुहान, तपा हुआ, तमतमाया हुआ चेहरा। शाहनी की

छातियाँ निचुड़ के छिलका हो गईं। एक बच्चे को रखती तो दूसरा उठा लेती। मैले-कुचैले कपड़ों में लिपटे दो बच्चों की पोटलियाँ, लगता था किसी कूड़े के ढेर से उठा लाए हैं।

यशपाल : कुछ घंटों बाद जब गाड़ी रात में दाखिल हुई तो दर्शन सिंह ने देखा, एक बच्चे के हाथ-पाँव तो हिलते दिखे थे, कभी-कभी रोने की आवाज़ भी होती थी, लेकिन दूसरा बिल्कुल साकित था। पोटली में हाथ डालकर देखा तो कब का ठंडा हो चुका था।

(वक़्फ़ा—यशपाल आँसू पोछता है)

दर्शन सिंह जो फूट-फूट के रोया तो आसपास के लोगों को भी मालूम हो गया।

लुब्ना : सबने चाहा कि शाहनी से उस बच्चे को ले लें, लेकिन वह तो पहले ही पथरा चुकी थी। टोकरी को झप्पा मारके बैठ गई।
"नहीं, भाई के बगैर दूसरा दूध नहीं पीता।"

यशपाल : बहुत कोशिश के बाद शाहनी ने टोकरी नहीं छोड़ी। ट्रेन दस बार रुकी, दस बार चली लोग अँधेरे में अन्दाज़े ही लगाते रहे।
"बस जी, ख़ैराबाद निकल गया"

"यह तो गुजराँवाला है जी"

"बस एक घंटा और। लाहौर आया कि समझो पहुँच गए हिन्दुस्तान।" *जोश में लोग नारे भी लगाने लगे थे।*

"हर हर महादेव !"

"जो बोले सो निहाल !"

गाड़ी एक पुल पर चढ़ी तो लहर-सी दौड़ गई

"रावी आ गया जी।"

"रावी है। लाहौर आ गया।"

इस शोर में किसी ने दर्शन सिंह के कान में, फुसफुसाकर कहा।

"सरदारजी ! बच्चे को यहीं फेंक दो, रावी में उसका कल्याण हो जाएगा। उस पार ले जा के क्या करोगे ?"

दर्शनसिंह ने धीरे से टोकरी दूर खिसका ली। और फिर यकलख़्त ही पोटली उठाई और वाहे गुरु कहकर रावी में फेंक दी।

अँधेरे में हल्की-सी एक आवाज सुनाई दी किसी बच्चे की। दर्शन सिंह ने घबराकर देखा शाहनी की तरफ़। मुर्दा बच्चा शाहनी से लिपटा हुआ था ! फिर से एक शोर का बगोला उठा—

"वाघा। वाघा"

"हिन्दुस्तान ! ज़िन्दाबाद !!"

(यशपाल के नारों के बीच लुब्ना धीरे-धीरे हिन्दुस्तान ज़िन्दाबाद दोहराती है—भापवाले इंजन की सीटी की आवाज़ दूर से सुनाई देती और चलती हुई ट्रेन की आवाज़ उभरकर तेज़ हो जाती है—प्रकाश धीरे-धीरे कम होता है—और अन्धकार में थोड़े समय के लिए ट्रेन की आवाज़ सुनाई देती रहती है)

मध्यान्तर

भाग दो

(मंच के मध्य भाग में प्रकाश आता है और **अनूप** *खड़ा कविता कह रहा है—इस समय कुर्सी प्लेटफॉर्म पर रख दी गई है)*

अनूप : मैं दीवार की इस जानिब हूँ !
इस जानिब तो धूप भी है, हरियाली भी !
ओस भी गिरती है पत्तों पर,
आ जाए तो आलसी कोहरा,
शाख़ पे बैठा घंटों ऊँघता रहता है।
बारिश लम्बी तारों पर नटनी की तरह थिरकती,
आँख से गुम हो जाती,
जो मौसम आता है, सारे रस देता है !

लेकिन इस कच्ची दीवार की दूसरी जानिब,
क्यों ऐसा सन्नाटा है
कौन है जो आवाज़ नहीं करता लेकिन—
दीवार से टेक लगाए बैठा रहता है।

(अन्तिम पंक्ति पर **किशोर** *मध्य मंच से आता है—प्रकाश अब किशोर पर है)*

किशोर : आज का दिन जब मेरे घर में फ़ौत हुआ,
जिस्म की रंगत जगह-जगह से फटी हुई थी—
सुर्ख़ ख़राशें रेंग रही थीं, बाँहों पर !
पलकें झुलसी-झुलसी-सी,
और चेहरा धज्जी-धज्जी था—

हाथ में थे कुछ चीथड़े से अख़बारों के
लब पे एक शिकस्ता-सी आवाज़ थी बस !
देख ज़रा इन बारह-चौदह घंटों में क्या हालत
की है दुनिया ने !

(अन्तिम पंक्ति पर **गणेश** *बाएँ से आकर अगली कविता कहता है—प्रकाश पहले की तरह कविता बोलनेवालों पर आता-जाता रहता है)*

गणेश : क्या करना है ऐसे शहर में रहकर जिसमें
खाल उतर जाती है,
गोश्त की बोटी-बोटी बिक जाती है।
बेचारा मिमियाता दिन,
शाम होने तक,

अपने आप ज़बहख़ाने तक आ जाता है।

(**किशोर** *फिर से आता है, उसके हाथ में एक डायरी है—वह प्लेटफॉर्म के कोने पर बैठकर कविता सुनाना शुरू करता है)*

किशोर : ना जाने किसकी ये डायरी है—
ना नाम है
ना पता है कोई :

"हर एक करवट में याद करता हूँ तुमको
लेकिन
ये करवटें लेते रात-दिन यूँ मसल रहे हैं मेरे
बदन को
तुम्हारी यादों के जिस्म पर नील पड़ गए हैं"

एक और सफ़्हे पे यूँ लिखा है :
"कभी-कभी रात की स्याही,
कुछ ऐसी चेहरे पे जम-सी जाती हैं
लाख रगड़ूँ,
सहर के पानी से लाख धोऊँ—
मगर वो कालिख नहीं उतरती !
मिलोगी जब तुम पता चलेगा
मैं और भी काला हो गया हूँ"
ये हाशिए में लिखा हुआ है :

''मैं धूप में जल के इतना काला नहीं हुआ था,
कि जितना, इस रात में सुलग के स्याह हुआ हूँ''
महीन लफ़्ज़ों में इक जगह यूँ लिखा है उसने :
''तुम्हें भी तो याद होगी वो रात सर्दियों की,
जब औंधी कश्ती के नीचे हमने
बदन के चूल्हे जलाके तापे थे, दिन किया था!
ये पत्थरों का बिछौना हरगिज़ ना सख़्त लगता
जो तुम भी होतीं
तुम्हें बिछाता भी, ओढ़ता भी''
इक और सफ़्हे पे फिर उसी रात का बयाँ है :
''तुम एक तकिये में गीले बालों की भर के ख़ुशबू,
जो आज भेजो...
तो नींद आ जाए, सो ही जाऊँ...''

कुछ ऐसा लगता है जिसने भी डायरी लिखी है
वो शहर आया है गाँव में छोड़कर किसी को
तलाश में काम ही के शायद :

''मैं शहर की इस मशीन में फ़िट हूँ जैसे ढिबरी,
ज़रूरी है ये ज़रा-सा पुर्ज़ा...
अहम भी है क्योंकि रोज़ के रोज़ तेल देकर,

इसे ज़रा और कस के जाता है चीफ़ मेरा...
वो रोज़ कसता है,
रोज़ इक पेंच और चढ़ता है जब नसों पर,
तो जी में आता है ज़हर खा लूँ...
या भाग जाऊँ..."

कुछ 'उखड़े-उखड़े कटे हुए से अजीब जुमले !
"कहानी वो जिसमें एक शहज़ादी चाट लेती है
अपनी अंगुश्तरी का हीरा,
वो तुमने पूरी नहीं सुनाई"

"कड़ों में सोना नहीं है,
उन पर सुनहरा पानी चढ़ा हुआ है"
इक और ज़ेवर का ज़िक्र भी है :
"वो नाक की नथ ना बेचना तुम...
वो झूठा मोती है, तुमसे सच्चा कहा था मैंने,
सुनार के पास जाकर शर्मिन्दगी-सी होगी"
"ये वक़्त का थान खुलता रहता है पल-ब-पल,
और लोग पोशाकें काटकर,
अपने-अपने अन्दाज़ से पहनते हैं वक्त
लेकिन...
जो मैंने काटी थी थान से इक क़मीज़
वो तंग हो रही है !"

*(**अतुल** इन पंक्तियों पर आकर आगे की पंक्ति को बोलता है और फिर मंच पर हाथ से घुटने बाँधकर बैठ जाता है)*

अतुल : "कभी-कभी इस पिघलते लोहे की गर्म भट्ठी में काम करते, ठिठुरने लगता है ये बदन जैसे सख़्त सर्दी में भुन रहा हो, बुख़ार रहता है कुछ दिनों से..."

किशोर : मगर ये सतरें बड़ी अजब हैं,
कहीं तवाज़ुन बिगड़ गया है
या कोई सीवन उधड़ गई है
"फ़रार हूँ मैं कई दिनों से
जो घुप्प अँधेरे की तीर जैसी सुरंग
इक कान से
शुरू हो के दूसरे कान तक गई है,
मैं उस नली में छुपा हुआ हूँ,

तुम आके तिनके से मुझको बाहर निकाल लेना..."

कोई नहीं आएगा ये कीड़े निकालने अब कि इनको तो शहर में धुआँ देके मारा जाता है नालियों में !

(यह पंक्ति कहते हुए **किशोर** *चला जाता है और* **अतुल** *'ख़ौफ़' कहानी कहना शुरू करता है—)*

अतुल : *ख़ौफ़ से नसें तन रही थीं उसकी, और बैठे-बैठे घुटने यूँ काँप जाते थे, जैसे मिर्गी पड़नेवाली हो।*

(अतुल अब खड़ा हो जाता है)

अतुल : *शहर में दंगे चलते चार दिन हो गए थे, कर्फ़्यू कुछ देर के लिए सुबह खुलता था, कुछ देर के लिए शाम को। कर्फ़्यू खुलता तो कुछ लोग जल्दी-जल्दी रोज़मर्रा की ज़रूरत का सामान ख़रीदते। कुछ लोग जल्दी-जल्दी मार-धाड़ करते, आग लगाते, चाक़ू चलाते और कुछ लाशें गिराकर, कर्फ़्यू शुरू होने से पहले ही अपने घरों में आकर बन्द हो जाते। गरम-गरम ख़बरें और गरम-गरम लहू मुसलसल बह रहा था बम्बई में। लेकिन रेडियो और टीवी, बाक़ायदा अनाउंस कर रहे थे कि शहर की हालत काबू में है और हालात नॉर्मल होते जा रहे हैं।*

अतुल : *हालात नॉर्मल साबित करने के लिए, कल से लोकल ट्रेन भी देर तक चल रही थीं। बेश्तर*

डिब्बे भी ख़ाली थे, लेकिन रोशनियाँ पटरियों पर दौड़ती हुई नज़र आईं, तो चार दिन के मुंजमद अँधेरे में ज़रा जुम्बिश हुई। रेलवे ट्रैक्स के दोनों तरफ़ की बस्तियों में जो सन्नाटा पथरा गया था, वो ट्रेन के गुज़रने से कुछ देर के लिए खड़खड़ाया तो फिर से हरकत की उम्मीद बँधी। यासीन आवाज़ भी सुनता था और उठकर देखता भी था कि गाड़ी चलने लगी है। कल पाँचवाँ दिन होगा, वो अपने घर से ग़ायब था। अब तो इन्तज़ार खत्म हो चुका होगा। और उसकी तलाश शुरू हो गई होगी। दिन ख़त्म होने ही वाला था कि उसका सब्र टूट गया। शाम का कर्फ़्यू खुलते ही वह अँधेरी के स्टेशन पर पहुँच गया। प्लेटफ़ॉर्म सुनसान था। लेकिन इंडीकेटर पर ट्रेन का वक्त टिमटिमा रहा था।

(अतुल अब प्लेटफार्म के पास आ गया है)

अतुल : ट्रेन बहुत आहिस्ता से दाखिल हुई स्टेशन में। रोज़मर्रा के स्टाईल से नहीं। जैसे मोहतात थी। या डरी हुई। या सहमी हुई। कुछ लोग थे भी ट्रेन में इक्का-दुक्का, वह फ़ैसला नहीं कर पाया कि किस डिब्बे में दाख़िल हो। अक्सरियत तो हिन्दुओं की है ना। दो-दो चार

के गुच्छों में कहीं-कहीं गुँथे हुए रखे थे लोग। वह रुका रहा प्लेटफ़ॉर्म पर और जब गाड़ी चलने लगी तो एकदम भागकर चढ़ गया।

(यह कहकर वह प्लेटफ़ॉर्म पर चढ़ जाता है)

उसने वही डिब्बा चुना, जिसमें और कोई ना हो। बग़ौर देखा चारों तरफ़। कोई नहीं था। वह डिब्बे के आखिरी बेंच पर, कोनेवाली सीट में जाकर डूब गया। जहाँ से वह पूरे डिब्बे पर नज़र रख सके।

(यहाँ वह आकर कुर्सी में बैठ जाता है)

ट्रेन ने रफ़्तार पकड़ी तो उसकी साँस में साँस आई। अचानक डिब्बे के दूसरे कोने से एक मुंडी नमूदार हुई। यासीन के तो होश उड़ गए। घुटनों में फिर से मिर्गी दौड़ गई। झुककर सीट के इतना नीचे हो गया कि अगर वो उसकी तरफ़ आए तो फ़ौरन बेंच के नीचे छुप जाए या तन के सामने खड़ा हो जाए। पोज़ीशन ले ले।

डिब्बे का दरवाज़ा भी दूर नहीं था। लेकिन चलती गाड़ी से कूद जाने में, मौत के अलावा कोई ख़तरा नहीं था। और अगर गाड़ी

आहिस्ता हो भी गई, तो..., वो शख़्स... अचानक वह शख़्स अपनी जगह पर खड़ा हो गया। खड़े-खड़े ही उसने चारों तरफ़ देखा। लेकिन उसके चेहरे पर, डर या ख़ौफ़ के कोई आसार नहीं थे। वह यक़ीनन हिन्दू था। यासीन का पहला रियेक्शन यही था। टहलता हुआ वह आदमी गाड़ी के परले दरवाज़े पर खड़ा हो गया। हवा से उसका मफ़लर फटे झंडे की तरह लहरा रहा था। कुछ देर बाहर झाँककर देखता रहा वो। और फिर लगा कि किसी चीज़ के साथ ज़ोर-आज़माई कर रहा है। यासीन जहाँ बैठा था, वहाँ से साफ़ नज़र नहीं आ रहा था। कोई चीज़ वह खींच रहा था। कभी दबाता था, उठाता था, कभी खींचता था। यासीन को लगा कुछ तोड़ रहा है कि अचानक ज़ंगआलूद दरवाज़ा, ज़ोर से घिसटा और एक पुरशोर खड़खड़ाहट के साथ बन्द हो गया। अच्छा हुआ, यासीन के मुँह से चीख़ नहीं निकल गई। लेकिन वह शख़्स ख़ुद भी चौंक गया था उस आवाज़ से। उसने देखा था चारों तरफ़। और उस तरफ़ कुछ ज़्यादा देर तक देखता रहा, जहाँ यासीन छुपा हुआ था। यासीन को शक हुआ, कहीं देख ही तो नहीं लिया उसने ? या आहट पा गया हो ? उस शख़्स की ज़ोर आज़माई ने, यासीन

के कलेजे में एक और दहशत बिठा दी। अगर आमना- सामना हो जाए तो क्या वह उसका मुक़ाबला कर पाएगा। वह शख़्स टहलता हुआ दूसरी तरफ़ के दरवाज़े पर जाकर खड़ा हो गया। गाड़ी जोगेश्वरी का एक सुनसान स्टेशन फलाँग गई। गाड़ी रुक जाती तो शायद वह उतर ही जाता। लेकिन ये तो कर्फ़्यू का इलाका था। इसलिए गाड़ी वहाँ नहीं रुकी। कर्फ़्यू का इलाका ही शायद ज़्यादा महफ़ूज़ होता। कम से कम पुलिस तो होती। और अब तो मिलेट्री भी बुलवाई जा चुकी थी शहर में। फ़सादातज़दा इलाक़ों में हरे ख़ाकी चकतोंवाले घूमते हुए नज़र आ जाते थे। और उनपर उसी रंग की वर्दियाँ पहने फ़ौजी, अपनी बन्दूकों, रायफलों की नालियाँ बाहर निकाले रखते। पुलिस तो बेकार हो गई थी। अब उनसे कोई डरता भी नहीं था। हुजूम उन पर बेधड़क पत्थर और सोडावॉटर की बोतलें फेंकता था और अब तेज़ाब के भरे बल्ब भी। पुलिस अगर टीयर गैस छोड़ती, तो हुजूम के लोग, गीले रूमालों से उठाकर वही पुलिस के ऊपर फेंक देते थे। 'साकी नाका' में जब वह बेकरी जली, जिसमें वह काम करता था, तो क्या किया था पुलिस ने ? दूर खड़ी तमाशा देख रही थी। और वे

लोग पतली गलियों से बचते-भागते, उन गैराजों की तरफ़ दौड़ते थे, जिधर ठोकी-पीटी, छिली-अधछिली मोटरों के ढाँचे खड़े रहते थे। जान बचाकर भागे थे छुपने के लिए। आठ-दस लोग थे वो...भला हो भाऊ का, भागते-भागते उसकी कमर का गमछा पकड़ के चायवाले के बग़ल के बाकड़े में खींच लिया। भाऊ को तो मालूम था, वह मुसलमान है। लेकिन वह तो हिन्दू है। वह क्यों भागा ? भाऊ कह रहा था, जब हुजूम के सर पे खून सवार हो, तो वो नाम पूछने के लिए नहीं रुकते। उनकी प्यास, ख़ून से बुझती है या आग से।

(अतुल अब खड़ा होकर आगे की कहानी कह रहा है)

जला दो, मार दो, नेस्तोनाबूद कर दो। उनका ग़ुस्सा तभी ठंडा होता है, जब सामने कुछ ना रहे...

दूसरे दरवाज़े की खड़खड़ाहट ने चौंका दिया उसे। डिब्बे के परले तरफ़ के दोनों दरवाज़े उस शख़्स ने बन्द कर दिए थे। और देर तक उस तरफ़ देखता रहा, जिस तरफ़ यासीन छुपा

हुआ था। ख़ौफ ने फिर उसका सर शिकंजे में ले लिया। वह आदमी दरवाज़े क्यों बन्द कर रहा है डिब्बे के ? क्या उसे मार के उसकी ख़ून में लिथड़ी लाश वह उसी डिब्बे में छोड़कर उतर जाएगा अगले स्टेशन पर, ट्रेन अब आहिस्ता हो रही थी। कोई स्टेशन आ रहा था। उस आदमी के क़दमों में पहले से ज़्यादा खुद ऐतमादी थी। वह आहिस्ता-आहिस्ता चलता हुआ उसकी तरफ़ आ रहा था। यासीन की साँस भारी हो गई। माथे पर ठंडे पसीने की आमद महसूस कर रहा था। डर था, साँसें गुच्छा हो रही हैं, थूक निगला नहीं जा रहा था। कहीं उसे हिच्छू ना आ जाए, वो खाँस ना दे, वरना यहीं सीट के नीचे पड़े-पड़े। गाड़ी रुकी, कोई स्टेशन आया था। वह आदमी आराम से उस दरवाज़े पर आकर खड़ा हो गया, जिस तरफ़ प्लेटफ़ॉर्म था, उसका एक हाथ उसकी जेब में था। जेब में ज़रूर कोई हथियार होगा, पिस्तौल? या चाकू ? यासीन ने सोचा, भाग के दूसरी तरफ़ से बाहर कूद जाए, लेकिन जहाँ छुपा था, वहाँ से निकलते-निकलते तो वह आदमी उसका पेट चाक कर देगा। पेट ही क्यों ? गला काट देगा, ताकि आवाज़ ही ना निकले, चोर आँख से उसने झाँककर देखा, वह शख़्स बाहर की

तरफ देख रहा था। प्लेटफॉर्म पर सन्नाटा था। किसी के क़दमों की आवाज़ भी नहीं आई, बहुत चाहा यासीन ने कि कोई आ जाए, लेकिन क्या पता कौन आए ? हिन्दू ? या मुसलमान ? एक और हिन्दू ही सही, शायद भाऊ जैसा कोई रहमदिल हो। चाय के बाकड़े से कैसे अपना जनेऊ पहनाकर वह उसे अपनी खोली तक ले गया था, चार दिन तक रखा, उसने कहा था :

"मैं मराठी हूँ, लेकिन रोज़ गोश्त नहीं खाता—तुम कहो तो ले आऊँ—पता नहीं कैसा मिले—हलाल-वलाल मैं तो समझता नहीं—और बाहर की हालत ये है कि सब्ज़ियाँ सड़ रही हैं अँधेरी में—लेकिन बेचनेवाला कोई नहीं—लूट लो तो जितनी चाहे ले जाओ।"

और रेडियो बार-बार यही कहता था—शहर के हालात आहिस्ता-आहिस्ता नॉर्मल हो रहे हैं, गाड़ियाँ चल रही हैं—कुछ इलाकों में बसें भी जारी कर दी गई हैं—इन चार दिनों में उसे घरवालों की बहुत फ़िक्र हुई—घरवाले भी उसकी फ़िक्र करते होंगे—उसे एक डर था—कहीं फ़ातिमा उसे ढूँढ़ने के लिए, बेकरी के पते पर ना चली जाए—जिस खोली में छुपा था, वहाँ से रेल की पटरी नज़र आती

थी—गाड़ियाँ भी नज़र आ रही थीं—लेकिन भाऊ ने उसे जाने नहीं दिया। गाड़ी एक धचके से चली और यासीन खोली से डिब्बे में आ गिरा।

(यह पंक्ति बोलकर झटके से कुर्सी पर बैठ जाता है)

वह शख़्स बाएँ हाथ से रॉड पकड़े बड़ी ख़ूद ऐतमादी से खड़ा था—और दायाँ हाथ अभी तक जेब में था—गाड़ी थोड़ी दूर तक सरकती, घिसटती चलती रही—ये गाड़ी रफ़्तार क्यों नहीं पकड़ रही—सिग्नल ना मिलने की कोई वजह नहीं हो सकती—पटरियों पर ट्रैफ़िक ही कहाँ है—अभी तक कोई गाड़ी दूसरी तरफ़ से नहीं गुज़री—गाड़ी बहुत देर तक घिसटती रही— घिसटती रही—और जहाँ आकर रुकी वह भायन्दर का पुल था। नीचे समन्दर की खाड़ी थी, जहाँ से अक्सर लाशों के निकलने की खबरें, अख़बारों में छपा करती थीं।

यासीन का दम घुटने लगा—इस ख़ौफ़ में जीना मुश्किल था—और वह शख़्स जेब से हाथ क्यों नहीं निकालता—उसकी आँखों से पता चलता है कि वह हमला करनेवाला

है। क्या होगा जब वह हमला करेगा ? क्या उसे बाहर निकलने के लिए कहेगा ? या सर के बालों से पकड़ के घसीट लेगा, और ज़ुप्प से चाक़ू उसके गले पर रख देगा—क्या करेगा वो ?—और कुछ वह करता क्यों नहीं ?

उसी वक्त उस शख़्स ने जेब से हाथ निकाला—और फिर ज़ोर आज़माई करने लगा—तीसरा दरवाज़ा भी बन्द कर रहा था वो—अब तो भागने का रास्ता भी बन्द हो रहा था—और नीचे तो खाड़ी थी—कूद जाए तो मौत यक़ीनी थी—ख़ौफ़ अब हद को पहुँच रहा था—गुफ़ा बन्द हो रही थी। अचानक कूद के वो बाहर निकल आया।

(अतुल कूदकर खड़ा होता है और प्लेटफ़ॉर्म के किनारे आ जाता है)

चौंककर देखा उस आदमी ने—हाथ जेब में गया—और पता नहीं कहाँ से इतनी ताक़त आ गई यासीन में—'या अली।' कहके उस आदमी को टाँगों के बीच से उठाया और फ़ेंक दिया बाहर। नीचे गिरते-गिरते उस आदमी की चीख़ सुनाई दी—'अल्लाह...।'

(अतुल एक पल के लिए नीचे देखता रहता है)

अतुल : *यासीन खड़ा रहा—गाड़ी चल दी—(अतुल दर्शकों से) यासीन को हैरत हुई।*

"क्या मुसलमान था वो भी ?"

लेकिन ख़ौफ के शिकंजे से जो छूटा था तो ऐसे जैसे मौत के मुँह से निकल आया हो।

(अतुल प्लेटफ़ॉर्म से उतरता है—लुब्ना फ़ातिमा के रूप में दुपट्टा सर पे डाले पानी का गिलास लेकर आती है)

उस रात वह फ़ातिमा से कह रहा था—

अतुल : *(लुब्ना से)* "अगर ऐसा ना होता, तो मैं भी मुसलमान होने का क्या सबूत देता उसे ? क्या नंगा हो जाता ?"

*(**अतुल** सर झुकाकर विंग्स में चला जाता है—**लुब्ना** दर्शकों की ओर मुड़कर अगली कविता कहती है)*

लुब्ना : कैसे चुपचाप ही मर जाते हैं कुछ लोग यहाँ
जिस्म की ठंडी-सी
तारीक सियाह क़ब्र के अन्दर !
ना किसी साँस की आवाज़
ना सिसकी कोई

ना कोई आह, ना जुम्बिश
ना ही आहट कोई
ऐसे चुपचाप ही मर जाते हैं कुछ लोग यहाँ
उनको दफ़नाने की ज़हमत भी उठानी नहीं पड़ती !

*(**यशपाल** दाएँ विंग से आता है)*

यशपाल : क़ब्रिस्तान है, क़ब्रिस्तान से गुज़रो तो आहिस्ता बोलो।
क़ब्रिस्तान में इतना ऊँचा बोलने का दस्तूर नहीं है—
क़ब्रिस्तान से गुज़रो तो पैरों की आहट मद्धम कर लो—
चलती-फिरती आवाज़ों से मुर्दों को ज़हमत होती है—
साकित मुर्दे, साकित रहना चाहते हैं
करवट लेना मुर्दों के अतवार नहीं हैं।

क़ब्रिस्तान है, क़ब्रिस्तान में ठहरो तो क़ब्रों के कुतबों पे ना अपनी—
—कोहनी रख के टेक लगाना—
कुतबों की बुनियाद नहीं होती, ना उनके जड़ें लगती हैं—
नाम लिखे हैं और तारीखें

बोझ पड़े तो गिर पड़ते हैं—।
क़ब्रिस्तान है, क़ब्रिस्तान से आहिस्ता आहिस्ता गुज़रो—
कोई क़ब्र हिले ना जागे,
लोग अपने-अपने जिस्मों की क़ब्रों में बस
मिट्टी ओढ़े दफ़न पड़े हैं।

(अन्तिम पंक्ति पर **वैशाली** *मंच के मध्य से आती है—***यशपाल** *विंग्स में जाता है—प्रकाश सिर्फ़* **वैशाली** *पर है)*

वैशाली : कुछ बेवा आवाज़ें अक्सर,
मस्जिद के पिछवाड़े आकर,
ईंटों की दीवार से लगकर,
पथराये कानों पे, अपने होंठ लगाकर,
इक बूढ़े अल्लाह का मातम करती हैं,
जो अपने आदम की सारी नस्लें उनकी कोख में रखकर
ख़ामोशी की क़ब्र में जाकर लेट गया है॥

*(***अनूप** *मंच की बाईं ओर से आता है—प्रकाश कविता कहनेवालों पर बारी-बारी से आता-जाता रहता है)*

अनूप : सारे बदन पर पित्त निकली है
हाथ खुरचते हैं पैरों को
पैर मसलते हैं गर्दन
गर्दन फँसी हुई है सर में
सर में कैक्टस उगे हुए हैं—

जहाँ-जहाँ मज़हब की बिच्छू बूटी छू ले
वहाँ-वहाँ ख़ारिश होती है
फोड़े फूटने लगते हैं
पीप निकलने लगती है !

*(**अनूप** की कविता की अन्तिम पंक्ति पर **अतुल** प्लेटफ़ॉर्म पर कुर्सी के पास कविता कहने आता है।)*

अतुल : जिस बस्ती में आग लगी थी कल की रात
उस बस्ती में मेरा कोई नहीं रहता था !

औरतें, बच्चे, मर्द, कई और
उम्र रसीदा लोग सभी
जिनके सर पे शोले और शहतीर गिरे,
उनमें मेरा कोई नहीं था—

स्कूल जो कच्चा-पक्का था और बनते-बनते
ख़ाक़ हुआ,
जिसके मलबे में वो सब कुछ दफ़्न हुआ,

जो उस बस्ती का मुस्तक़बिल कहलाता था—
उस स्कूल में—
मेरे घर से कोई कभी पढ़ने ना गया
और ना अब जाता था,

मेरी कोई दुकान नहीं थी
मेरा कोई सामान नहीं था
दूर ही दूर से देख रहा था,
कैसे कुछ खुफ़िया हाथों ने जा-जाकर आग लगाई थी—

जब से देखा है, ये खौफ़ बसा है दिल में,
मेरी बस्ती भी वैसे ही एक तरक्की करती,
बढ़ती बस्ती है,
और तरक़्क़ी याफ्ता कुछ लोगों को ऐसी
कोई बात पसन्द नहीं !!

*(अन्तिम पंक्ति पर सायरन की आवाज़ उभरती है और मंच पर अँधेरा छा जाता है—***अतुल** *कुर्सी लेकर विंग्स में जाता है—अँधेरे में गोलियाँ चलने की आवाज़—सायरन और गश्त करती हुई ट्रक और गाड़ियों की आवाज़ सुनाई देती है।)*

(इस अँधेरे में **किशोर** *मंच पर पहले से रखे 4'×3'×1&1/2' के खोखले डब्बे में, जो कूड़ा फेंकनेवाले डब्बे जैसा है उसमें छिप जाता है—धीरे-धीरे प्रकाश मंच पर अलग-अलग जगह आकर रात में किसी सड़क का प्रभाव पैदा करता है—***किशोर** *एक सामान की गठरी लेकर छिपा है)*

(अब सायरन और गोली चलने की आवाज़ बन्द हो गई है। चारों तरफ़ सन्नाटा है, डर का माहौल है। शहर में कर्फ़्यू लगा हुआ है। पुलिस और मिलेट्री फोर्स चारों ओर फैली हुई है। इसी सन्नाटे के बीच एक आदमी छुपता-छुपता मंच पर प्रवेश करता है। और पुलिस के डर से कूड़े के डब्बे के पीछे छुप जाता है। अचानक थोड़ी देर के बाद कूड़े के डब्बे में एक हरकत-सी होती है, और कहीं से आवाज़ आती है...)

किशोर : *(अन्दर से)* कौन हो तुम ?

(वह चौंक जाता है और इधर-उधर देखता है, फिर से आवाज़ आती है...)

किशोर : कौन हो तुम ? बोलते क्यों नहीं ?

गणेश : *(बाहर से)* तुम कौन हो ? कहाँ हो ?

(धीरे से एक सर कूड़े के डब्बे के अन्दर से निकलता है और बाहर छुपे आदमी की तरफ़ देखता है। यह **किशोर** *है। एक दूसरे को देखकर दोनों डर जाते हैं...***किशोर** *पूछता है...)*

किशोर : कौन हो ? हिन्दू कि मुसलमान ?

गणेश : तुम कौन हो ? तुम बताओ पहले ?

किशोर : जानते नहीं कर्फ़्यू है ! और देखते ही गोली से उड़ा देने का हुक्म है। *(***गणेश** *शान्त रहता है...)*

किशोर : कहाँ जा रहे थे ? कहीं आग लगाने या बम फेंकने ?

गणेश : तुम क्यों छुपके बैठे हो यहाँ ? किसी का ख़ून किया है— ? या करने के लिए छिपे हो ?

(तभी एक ओर से पुलिस की जीप की आवाज़, और दूसरी ओर से उनके जूतों की आवाज़ और साथ ही साथ गोलियों के चलने की आवाज़ भी सुनाई पड़ती है. ..दोनों शान्त हो जाते हैं, कुछ देर के बाद **किशोर** *पूछता है...)*

किशोर : तुमने बताया नहीं ? हिन्दू हो या मुसलमान ?
गणेश : तुम्हें क्या लगता है ?
किशोर : शक्ल से तो...हिन्दू लगते हो!

*(**गणेश** का हाथ अपने मुँह पर चला जाता है वह अपना मुँह पोंछता है)*

गणेश : वह कैसे ?
किशोर : ऐसे ही
गणेश : तुम मुसलमान हो क्या ?

*(**किशोर** थोड़ा हिचकिचाता है...)*

किशोर : तुम्हें क्या लगता है ?
गणेश : शक्ल से तो...

*(ख़ामोश हो जाता है, **किशोर** फिर से पूछता है—)*

किशोर : क्या लगता हूँ शक्ल से ?
गणेश : शक्ल से तो कुछ भी नहीं लगते *(वक़्फ़ा).* ..नाम क्या है तुम्हारा ?
किशोर : शक्ल से बेवकूफ़ लगता हूँ क्या ? नाम बता दूँ तो पता नहीं चल जाएगा तुम्हें ? तुम्हारा नाम क्या है ?

गणेश : गुलाब...!

किशोर : गुलाब क्या ? गुलाब अहमद कि गुलाबचन्द ?

(**गणेश** *कोई जवाब नहीं देता...वक़्फ़ा—* **किशोर** *फिर से पूछता है)*

किशोर : लगता है, तुम भी डरे हुए हो ? भाग रहे हो ?

गणेश : हूँ...

किशोर : घर जल गया है...?

गणेश : हूँ...

किशोर : कोई मरा तो नहीं ?...अपना कोई ? यूँ तो बहुत मरे हैं पिछले दो दिनों में !

गणेश : *(सर हिलाता है)*...हाँ

किशोर : घर किसने जलाया ? हिन्दुओं ने ? *(ग़ौर से देखता है)* कि मुसलमानों ने ?

(**गणेश** *उसकी तरफ़ देखता है...आँखों में गुस्सा है)*

किशोर : ठीक है, ठीक है...कोई बात नहीं ! इस वक्त तो...दोनों ही मार खाए हुए हैं...लेकिन ये कर्फ़्यू दो दिन और नहीं हटा तो क्या होगा ?

गणेश : तुम कब से पड़े हो यहाँ ?

किशोर : आठ घंटे हो गए—वहाँ, मेरे सामने गोली लगी एक आदमी को !

गणेश : कहाँ ?

किशोर : सामने नुक्कड़ पर—वह देखो अभी तक ख़ून लगा है—खम्भे पर गिरा जाकर।

(दोनों अपनी-अपनी जगह से झाँककर खम्भे की तरफ देखते हैं।)

किशोर : कुत्ते की तरह घसीट के ले गए साले, बन्दोबस्तवाले...

गणेश : क्या किया था उसने ?

किशोर : कुछ नहीं—कर्फ़्यू में भाग रहा था—हाथ में कुछ था, लोहे का औज़ार जैसा कुछ लगता था...

गणेश : मजदूर होगा कोई...!

किशोर : पता नहीं, गुंडा था कि मज़दूर कोई, लेकिन...

गणेश : गुंडे मज़दूर में कोई फ़र्क नहीं पता चलता—वही मज़दूर थे अपने मिल में—वही गुंडे भी निकले— कुछ लोग मार रहे थे—कुछ बचा रहे थे। मुझे तो एक दोस्त बचा के घर ले गया लेकिन वहाँ भी...

(बोलते-बोलते वह रुक जाता है, उसे महसूस होता है, वह अपनी पहचान बता रहा है...और कहता है...)

गणेश : वहाँ उसकी जातवालों ने हमला कर दिया—बेचारे ने अपनी जान पर खेलकर मुझे निकाला...

(इतने में उन्हें फिर से पुलिसवालों के जूतों की आवाज़ें सुनाई देती हैं, दोनों छिप जाते हैं और काफ़ी देर तक बाहर नहीं निकलते। थोड़ी देर के बाद आवाज़ें आनी बन्द हो जाती हैं, **किशोर** *पूछता है...)*

किशोर : यह कर्फ़्यू दो दिन और नहीं हटा तो क्या करेंगे...?

गणेश : तुमने आठ घंटे से कुछ खाया नहीं ?

किशोर : उँह...हूँ...*(नहीं)*...कुछ है तेरे पास ?

गणेश : नहीं !

किशोर : इस वक्त तो वो भी खा लूँ जो कभी नहीं खाया...मना है !

गणेश : हिन्दू है तू...?

*(दोनों एक दूसरे को देखते हैं...***किशोर** *अपनी जेब में हाथ डालता है और...)*

किशोर : बीड़ी पीता है ?

गणेश : हाँ !

किशोर : पीएगा ?

(वह एक बीड़ी **गणेश** *को देता है...और माचिस ढूँढ़ता है...)*

किशोर : साली माचिस भी भीग गई...

गणेश : धुआँ निकलेगा तो...?

किशोर : मत निकालियो—थोड़ा-थोड़ा देखकर छोड़ियो।

*(***किशोर*** माचिस जलाने की कोशिश करता है लेकिन जला नहीं पाता,* **गणेश** *कहता है...)*

गणेश : ला मुझे दे...मैं ट्राई करता हूँ...

*(***गणेश*** माचिस लेता है और अपने मुँह से लगाकर उसे गर्म करता है।* **किशोर** *भी उसके पास आ जाता है।* **गणेश** *एक बार में ही माचिस जला लेता है...)*

किशोर : सुबहान अल्लाह—क्या बात है एक ही बार में।

*(***गणेश*** के हाथ से माचिस गिर जाती है, और वो उसकी तरफ़ देखता है...)*

गणेश : मुसलमान है तू ?

*(पुलिसवालों के जूतों की आवाज़ एक बार फिर सुनाई देती है। **किशोर** उसे अन्दर खींच लेता है, दोनों कूड़ेदान के अन्दर आ गिरते हैं—दोनों अन्दर अपने आपको छुपाने की कोशिश में लगे हुए हैं। **किशोर** जो मुसलमान है, कहता है—)*

किशोर : मरवा दिया था तूने ! दोनों मारे जाते...

*(**गणेश** उसकी तरफ़ देखता है...)*

किशोर : हिन्दू है तू ?

*(**गणेश** सर हिलाकर 'हाँ' कहता है।)*

किशोर : डर गया था ?

*(**गणेश** फिर से सर हिलाकर 'हाँ' कहता है।)*

किशोर : पागल है—देखता नहीं इस वक़्त जान पर बनी है—तुझे मारकर मुझे क्या मिलेगा—

इसी खौफ़ से मार देते हैं लोग एक दूसरे को...किसी को क्या मिलता है...

*(**गणेश किशोर** की गठरी को डब्बे में देखता है और डरकर बाहर आ जाता है)*

गणेश : इस गठरी में क्या है ?

किशोर : कुछ नहीं...बच्चों के खिलौने और कपड़े हैं, देख ले, यही लेने आया था शहर...तभी रेडियो पर सुना—दंगे शुरू हो गए हैं...

गणेश : मैं बब्बन के घर पर था...*(उसका गला भर आता है...)*

गणेश : उसके दोनों हाथ जल गए यार...जलता हुआ दरवाज़ा पकड़ के खड़ा रहा, जब तक मैं पीछे से निकल नहीं गया...वह...इतना अच्छा कारीगर ! अब जब मशीन पर खड़ा होगा तो क्या होगा उसका ? वह मिल मालिक उसे निकाल देगा दोस्त ! उसे नहीं रखेगा वह.. .और वह है भी तो...

*(**गणेश** चुप हो जाता है...)*

किशोर : मैं भी आमतौर पर घाट पर ही सामान उतारकर, थोड़ा बहुत बाज़ार करके लौट जाया करता हूँ—इस बार इधर आ गया—बड़ी

बस्ती के बाज़ार में—बच्चों के कपड़े लेने थे—ईद है कल—मेरा बहनोई यहीं फैक्टरी में काम करता है—बहन को एडवांस में ईदी दी और बहनोई को साथ ले लिया, बाज़ार में थे कि समझ ही नहीं आया कब लोग भागने-दौड़ने लगे...'मार दिया—मार दिया' का इक कोहराम मच गया— एक तरफ़ 'हर-हर महादेव' सुनाई दिया—उधर से 'अल्लाह हो अक़बर' कान में पड़ी...समझ गया—फिर साली वही हिन्दू-मुसलमान की मार-काट लगी है—जाएँगे...दस-बीस तो जाएँगे, एक जगह बौखला के गिरा—भूल गया मेरा बहनोई कहाँ है—उसे ढूँढ़ने लगा—एक दूकान के तख़्ते तले मिला—पलटा तो खून ही खून—किसी ने पेट में छुरा घोंप दिया था—अब क्या किसी ने देखा होगा ? हिन्दू है या कि मुसलमान ? किसी ने भी घोंप दिया छुरा...बस...

(वह रुक गया, उसका गला भर आया, उसने आगे कहा—)

सोचो, घसीट के बाहर निकला—कन्धे पर लिया और पास की एक गली में भाग रहा था कि भला हो पारो का...

(कुछ देर रुककर बोला—)

एक औरत जो भाग रही थी उसने बाँह से पकड़ा और घर के अन्दर खींच लिया—हमारे गाँव की थी—उसका मियाँ केश्टो मेरा दोस्त है—उसी के घर में था कल से...

गणेश : और बहनोई तुम्हारा ?

किशोर : वहीं है, बच गया—पारो से कहा था मेरी बहन को ख़बर कर दे...

*(अचानक दूर से दंगों की आवाज़ सुनाई पड़ती है, और साथ ही साथ गोलियों की आवाज़ भी...कुछ मिलिट्री ट्रक गुज़रने की आवाज़ भी आती है...***किशोर** *कहता है...)*

किशोर : यह ऊपर का बल्ब तोड़ देना चाहिए...बहुत लाईट पड़ती है...

गणेश : आवाज़ होगी तो इधर तलाश शुरू हो जाएगी...

*(अभी भी दंगों की आवाज़ें सुनाई पड़ रही हैं...***किशोर** *बेसब्री से कहता है...)*

किशोर : लगता है फिर से कहीं छिड़ गई...मार-काट लग गई फिर से।

गणेश : रुकी कब थी ? रेडियो तो ऐसे ही बोलता रहता है—सब कंट्रोल में है...

(दोनों आवाज़ें सुनने की कोशिश करते हैं...)

किशोर : मेरा ख़याल है, यहाँ से निकल जाना चाहिए। नहीं तो यहीं मारे जाएँगे इस डब्बे में...

*(**किशोर** उठने की कोशिश करता है, मगर **गणेश** उसे अन्दर खींचता है...)*

गणेश : बैठ जा, मरना है...मुफ़्त में जान देना चाहता है—अरे वो दंगेवाले नहीं पहुँचे तो बन्दोबस्तवाले गोली मार देंगे...

*(**किशोर** बैठते हुए कहता है...)*

किशोर : देखो यार, मुझे किसी तरह बूढ़ी गंगा तक पहुँचना है...मैं माँझी हूँ मेरी किश्ती खड़ी है, बादाम तुला घाट पर—इसलिए केश्टो के घर से निकल आया था। भाभी ने बहुत रोकने की कोशिश की, केश्टो की बीवी ने—लेकिन कल ईद है—घर में मेरी बीवी-बच्चे, सबके सब फिकर में घुल रहे होंगे...ख़बर तो सुनी

होगी उसने भी—कोई भरोसा नहीं, वह पट्ठी किश्ती लेकर शहर पहुँच जाए—माँझी की बेटी है वह भी, बड़े तूफ़ान देखे हैं उसने...

गणेश : कौन से गाँव जाना है तुझे ?

किशोर : सुबड़ा ! गूढ़ी गंगा के पार ! और तू कहाँ का है ?

गणेश : चाश्ड़ा—नारायनगंज के पास।

किशोर : वह तो उल्टी तरफ़ है...नहीं तो मैं ही ले चलता तुझे...

*(वह बाहर की तरफ़ देखता है...**गणेश** भी उसी ओर देखता है...**गणेश** पूछता है...)*

गणेश : यहाँ से निकले तो जाएँगे कहाँ ?

किशोर : यहाँ से तो निकलो...यहाँ तो जिसने भी देखा, शक करेगा...और कहीं हवलदार ने देख लिया तो बेमौत मारे जाएँगे...

*(धीरे से दोनों कूड़े के डब्बे से निकलते हैं, मंच पर घुटनों-घुटनों रेंगते हुए एक चक्कर-सा लगाकर दूसरी ओर रुकते हैं—प्रकाश बदलता है। वह वहाँ आड़ में छिपे से खड़े हैं, **गणेश** का पैर किसी चीज़ से टकराता है—ऐसा आभास देता है)*

गणेश : हे भगवान् !

किशोर : क्या हुआ ?

गणेश : लाश है किसी आदमी की...

*(**किशोर** एक पल रुकता है—उस काल्पनिक लाश को देखता है, फिर कहता है)*

किशोर : मुर्दों की छोड़, ज़िन्दों की सोच।

गणेश : ऐसे कैसे यार, इंसान था, जीता-जागता, कबाड़ी के सामान की तरह ख़ाली कर दिया...फेंक दिया...

किशोर : ऐसा ही होता है...या तो चूल्हे में डालकर जला देते हैं, या गड्ढे में डालकर मिट्टी फेंक देते हैं...

(वह मंच के दाईं ओर जाते हैं, उन्हें जैसे एक पाईप से पानी बहता हुआ दिखाई देता है—ऐसा अभिनय करते हैं। दोनों रुक जाते हैं...)

गणेश : प्यास लगी है...

किशोर : पता नहीं, पानी कैसा है...

*(**गणेश** पानी छूने का अभिनय करता है है)*

गणेश : पता नहीं, ठंडा तो है !

*(**गणेश** ने चुल्लू बनाकर थोड़ा-सा पानी पीने का अभिनय किया...उसे अच्छा लगा...)*

गणेश : साफ़ ही लगता है।

*(**किशोर** ने भी थोड़ा पानी पीने का अभिनय किया। और दोनों आगे बढ़े... **किशोर** आगे चल रहा था...**गणेश** मंच पर लगी पेंटिंग्स के पीछे चला जाता है। रास्ते में कहीं एक-दो बार जीप या ट्रक के गुज़रने की आवाज़ सुनाई देती है...)*

*(अचानक **किशोर** अपने आप को अकेला पाता है। **गणेश** कहीं दिखाई नहीं देता। वह चारों तरफ़ देखता है और चिन्तित हो जाता है। वह कर्फ़्यू की वजह से ज़ोर से उसे पुकार भी नहीं सकता...इसलिए वह धीरे से उसे आवाज़ देता है, लेकिन उसका नाम उसे याद नहीं आता...)*

किशोर : ऐ...ऐ...गुलाब...गुलाबचन्द...

*(**किशोर** इधर-उधर फिर से देखता है, **गणेश** कहीं नज़र नहीं आता...)*

किशोर : गुलाब चन्द...

*(तभी **गणेश** उसे दिखाई पड़ता है...)*

किशोर : कहाँ चला गया था ?

गणेश : वह उधर रेड़ी खड़ी थी—मैंने सोचा शायद तेरे लिए कुछ खाने को मिल जाए...दस घंटे से तूने कुछ खाया नहीं...

(किशोर चलने लगता है...)

किशोर : चल टाइम मत गँवा इस वक़्त ! कुछ मिला खाने को ?

गणेश : नहीं यार, खिलौने की रेड़ी थी...

(दोनों चलने लगे, उन्हें फिर से जीपों की और सीटियों की आवाज़ सुनाई देती है। दोनों एक दूसरे की तरफ़ देखते हैं, लेकिन अब उन्हें फ़िक्र नहीं है...वह एक छोटा-सा चक्कर लगाकर प्लेटफ़ॉर्म पर चढ़ जाते हैं।

***गणेश** आगे आगे चल रहा था...*

अचानक **किशोर** *उसे पेंटिंग की आड़ में खींचता है...)*

किशोर : ऐ...ठहर...

गणेश : क्या हुआ...?

(**किशोर** *बाईं ओर दर्शकों में इशारा करता है...)*

किशोर : उधर देखो...पुलिस चौकी है...

(दोनों पेंटिंग से लगकर खड़े हो गए हैं, **गणेश** *ने पूछा...)*

गणेश : अब...?

*(***किशोर** *ने धीरे से कहा...)*

किशोर : सड़क पार, दाईं तरफ़ जो गली है ना...।

गणेश : हूँ...

किशोर : बस वहीं पहुँचना है मुझे...वह गली सीधी बादाम तुला घाट पर निकलेगी...

गणेश : घाट के पास...

किशोर : लेकिन बाईं तरफ़, ये जो बैठे हैं हवलदार ...अब क्या करें...

गणेश : और मैं क्या करूँगा ? बादाम तुला घाट में ?

किशोर : हूँ...तू...तू यहीं ठहर जा...मैं निकल जाता हूँ...

(वह बाहर की ओर देखने की कोशिश करता है, मगर **गणेश** *उसे अन्दर की तरफ़ खींचता है...)*

गणेश : मत कर...ज़रा-सी भी मुंडी नज़र आ गई तो उड़ा देंगे वे लोग...*(तभी पुलिस के जीप की आवाज़ सुनाई पड़ी, ऐसा लगा जैसे जीप उनके सामने से निकली हो...अचानक उनके पीछे की खिड़की में बत्ती जली...जिससे उन्हें पता चला कि वो पुलिस स्टेशन की खिड़की थी...दोनों दीवार से चिपककर खड़े हो गए...और बत्ती बुझने का इन्तज़ार करने लगे। और जैसे ही बत्ती बुझ गई, दोनों ने चैन की साँस ली...***किशोर** *ने धीरे से कहा...)*

किशोर : लगता है पुलिस स्टेशन है...!

गणेश : हूँ...यहाँ से तो वह कूड़े का डब्बा ही अच्छा था...!

किशोर : एक-दो घंटे की बात है...सुबह हो जाएगी तो...

गणेश : सुबह हो जाएगी तो क्या छोड़ देंगे।

(थोड़ी देर दोनों शान्त रहे...फिर **गणेश** *ने कहा...)*

गणेश : चल वहीं, उसी रेड़ी के पास चलते हैं, वहाँ छुपने की जगह तो है...

किशोर : मैं तो अल्लाह का नाम लेकर निकल जानेवाला हूँ...सुबह होने से पहले घर पहुँचना ज़रूरी है...

(***गणेश*** *घुटनों के बल बैठकर बाहर चौकी की ओर झाँकने लगा। अब पुलिसवाले वहाँ नहीं थे, उसने कहा...)*

गणेश : वह तो गए...नहीं हैं सामने...!

किशोर : हैं !

(***किशोर*** *ने भी झाँककर देखा। आशा की झलक उसके चेहरे पर नज़र आई...)*

किशोर : गुलाबचन्द...यही चांस है मेरा...*(दोनों एक दूसरे को देखते हैं)*

गणेश : मेरा नाम गुलाब नहीं, अवतार है...मैंने झूठ बताया था...

*(**किशोर** मुस्कुराया...)*

किशोर : मेरा करीम है...अच्छा अवतार, मैं निकलता हूँ। *(कहकर उसने अपना हाथ आगे बढ़ाया...)*

किशोर : ख़ुदा हाफ़िज़। *(अवतार की आँखों में आँसू आ गए...उसने मुस्कुराते हुए उसे विदा किया...)*

गणेश : ख़ुदा हाफ़िज़, ध्यान से जइयो दोस्त ! याद रहेगा तू...

किशोर : अल्लाह ने चाहा तो फिर मिलेंगे...!

*(**किशोर** दो कदम चलता है फिर पलटकर **गणेश** को गले लगाता है—दोनों एक दूसरे को भरी हुई आँखों से देखते हैं—**किशोर** पोटली हाथ में लिये दर्शकों के बीच से चला जाता है—बीच में एक जगह पलटकर वह **गणेश** को हाथ हिलाता है—**गणेश** उसे इशारे से जल्दी जाने को कहता है...थोड़े वक़्फ़े के बाद पुलिस की सीटी सुनाई देती है, फिर दौड़ते हुए बूटों की आवाज़ और फिर बहुत सी गोलियाँ चलने की आवाज़—**गणेश** मंच पर से **किशोर** के जाने की दिशा में यह सब होते देख रहा है...वह **किशोर** को गोली लगते देखता है और वहीं 'करीम' कहते हुए रोते-रोते बैठ*

जाता है—प्रकाश धीरे-धीरे अन्धकार में बदलता है—)

(प्रकाश अब मंच के मध्य में आता है जहाँ **अनूप** *कविता कहना शुरू करता है—)*

अनूप : वह लाश जो चौक में पड़ी है
ना सर पे टोपी, ना जूता पैरों में, जेबें खाली,
ना नाम है, ना पता ठिकाना,
बस इक लिफ़ाफ़ा मिला है, जिसमें लिखा हुआ है :

"मैं इस जहाँ से गुज़र रहा था,
बड़ा कठिन था, मगर यहाँ एक रात रुकना,
सवालों से घुट गई थीं साँसें,
मैं जा रहा हूँ—!"

तलाश जारी है, सर से पाँव तलक, कि आख़िर
मरा, तो किस चीज़ से मरा है ?
निशान गोली का ? ज़ख़्म कोई ?
किसी ने मारा ?
या, दिल का दौरा पड़ा, अचानक ?
या ज़हर खा के, वह ज़िन्दगी के ख़िलाफ़

कोई गिला था जो दर्ज कर गया है !
तलाश जारी है, गर मरासिम खुदा से थे भी,
तो गुफ़्तगू—किस ज़ुबान में थी
वह कौन है जिसकी मार्फ़त,
वह अदम गया है ?
ना चोटी सर पे, ना सजदे का माहताब माथे पे
कड़ा नहीं है कलाई में,
और ना है गले में सलीब कोई !
जलाएँ उसको ? या दफ़न कर दें ?

अदम को जाना भी इतना आसान नहीं है
हमदम,
जो देख सकते,
कि ख़त गया, पर लिफ़ाफ़े की
छानबीन जारी है,
और तफ़तीश हो रही है !!

(अन्तिम पंक्ति पर **लुब्ना** *मंच पर आती है और* **अनूप** *के साथ खड़ी होकर अन्तिम कविता कहनी शुरू करती है—)*

लुब्ना : ये मंज़र पहले देखा है !
फ़ौज की फ़ौज खड़ी है जम कर
बन्दूकें ताने कन्धों पर

और हुजूम इक लोगों का, बाँहें लहराता

शायद उन्नीस सौ उन्नीस और अमृतसर है,
जलियाँवाला बाग़ से मिलता-जुलता है,

अनूप : या उन्नीस सौ छत्तीस में लाहौर का मंज़र,
तहरीके आज़ादी के उस सालाना जलसे के
फ़ौरन बाद का दिन है !

*(**वैशाली** मंच पर आती है और आगे की पंक्तियाँ कहती है)*

वैशाली : इस तस्वीर में कितना कुछ जाना-पहचाना-सा
लगता है
इन लोगों के चेहरे भी पहचाने से हैं,
इन चेहरों पर मायूसी और गुस्से की तहरीरें भी,
इनकी उम्रें, इनके जज़्बे,
मैं उन सबसे वाक़िफ़ हूँ !

*(**यशपाल** मंच पर आगे की कविता कहते हुए आता है)*

यशपाल : हो सकता है, सन् उन्नीस सौ बयालीस था,
और इलाहाबाद था

चौक के बीचोबीच बने इस गोल जज़ीरे के
जंगले में
फ़ौज की फ़ौज खड़ी थी जम कर,
दायरा खींचे, बन्दूकें ताने कन्धों पर,

*(**गणेश** मंच पर आता है और आगे की कविता कहना शुरू करता है)*

गणेश : और हुजूम इक लोगों का, बाँहें लहराता
बल्ली-बल्ली हाथ उछलते हुए हवा में,
मुट्ठियाँ भींचे...

(किशोर और अतुल मंच पर आते हैं)

गणेश : लोगों के हाथों में तब भी
ऐसा ही इक झंडा था—

किशोर : नारों की आवाज़ यही थी,
इसी तरह से चली थी गोली,
इसी तरह कुछ लोग मरे थे,
लुब्ना : और सड़क पर ख़ून बहा था !!
अनूप : चौक के बीचोबीच मगर,
उस लोहे के जंगले के अन्दर
इक अंग्रेज़ का बुत था पहले,

अब, गांधी की मूर्ति है।

लुब्ना : लेकिन अब तो—
सन् उन्नीस सौ बानवे है !!

अतुल : पर ये तो सन् दो हज़ार तीन है।

(सब एक दूसरे को सवालिया नज़रों से देखते हैं। सातों कलाकार एक पंक्ति में खड़े हैं—धीरे-धीरे अँधेरा होता है। प्रकाश आने पर सभी कलाकार एक पंक्ति में हाथ बाँधकर झुककर दर्शकों का अभिनन्दन स्वीकार करते हैं।)

●●●